丛书编委会

总　策　划： 来新国　王文成

编委会主任： 郭齐勇　周晓亮

编　　　委： 来新国　陈知涯　张　彧　尹格韬　沈　众

王文成　孟淑贤　周长志　罗养毅　秦　丹

乌　琛

大家精要

聂　豹

刘聪　王黎芳　著

Nie Bao

陕西师范大学出版总社

图书代号 **SK16N1050**

图书在版编目（CIP）数据

聂豹/刘聪，王黎芳著.—西安：陕西师范大学出版总社有限公司，2017.5（2024.1重印）

（大家精要）

ISBN 978-7-5613-8881-5

Ⅰ.①聂… Ⅱ.①刘… ②王… Ⅲ.①聂豹（1487—1563）—传记 Ⅳ.①B248.99

中国版本图书馆CIP数据核字（2017）第000232号

聂　豹　NIE BAO

刘　聪　王黎芳　著

责任编辑	郑若萍　陈柳冬雪	
责任校对	舒　敏	
封面设计	张潇伊	
出版发行	陕西师范大学出版总社	
	（西安市长安南路199号　邮编710062）	
网　　址	http://www.snupg.com	
印　　制	永清县晔盛亚胶印有限公司	
开　　本	650 mm×930 mm　1/16	
印　　张	10	
字　　数	100千	
版　　次	2017年5月第1版	
印　　次	2024年1月第2次印刷	
书　　号	ISBN 978-7-5613-8881-5	
定　　价	45.00元	

读者购书、书店添货或发现印刷装订问题，请与本公司销售部联系、调换。

电话：（029）85303879　传真：（029）85307864　85303629

目　录

第 1 章

家世与科举

地域文化与家庭背景

按明朝的行政区划，聂豹的家乡永丰县隶属于江西布政司下设的吉安府。宋明以来，吉安以人文兴盛而负盛名，诞生了大量的历史文化名人，形成了具有显著地方特征的区域文化。考察聂豹的生平和思想，需要回顾一下江西吉安的区域文化状况。

吉安地处江西省中西部的赣江流域，郡治范围在不同朝代有所不同，但大体来说，包括赣江中上游及其周围支流的流域，即今吉安市所有县、区，以及抚州、赣州、萍乡的一部分地区。秦始皇立郡县时，此地始设庐陵县，隶属九江郡，西汉属豫章郡，东汉末年设庐陵郡，隋文帝开皇十年（590）改庐陵郡为吉州，此后吉州、庐陵二名交替使用。元朝仁宗皇庆元年（1312），更名吉安路，取"吉泰民安"之意，"吉安"一名遂沿用至今。明朝改革了元朝的行政区划，设南北直隶和十三个布政司。布政司下设府、县两级行政机构。吉安府为江西布政司下属，领庐陵、泰和、吉水、永丰等九县，清代沿袭之。

永丰县位于吉安东北部，得名自永丰镇，永丰镇因永丰山得名。据明嘉靖《永丰县志》记载：唐初立永丰镇，在今县治东南四十五里，因境内有永丰山，故名。永丰山小溪绕山脚，由南向北经壶峤汇大溪入信江，俗称泉峰山，因昔多泉而不涸得名。相传山生石乳，赤则岁旱，白则年丰，期岁岁丰熟，取名永丰。

自宋初在此置县以来，永丰的地方文化逐渐繁荣，与江西其他各县共同构成了具有鲜明特色的江西文化，在文章诗词、学术思想方面皆有可观。以文章而言，唐宋八大家中的欧阳修即为永丰人，王安石、曾巩是永丰相邻的抚州人。以诗而论，北宋的黄庭坚开创了我国文学史上以师承前人之意，崇尚瘦硬奇拗诗风著称的江西诗派，北宋后期吉水县的杨万里开创了一种清新活泼而又趣味隽永的新的诗风，被后人称为"诚斋诗体"。以词而论，抚州的晏殊、晏几道父子词风柔丽婉约，饶州的姜夔词风则清新峻拔，均为诗坛巨擘。在哲学思想方面，宋明以来，以吉安为重镇的江西地区理学人才辈出，为宋明理学的发展作出了重大的贡献，同时宋明理学思想也成为江西地域文化的重要组成部分，当地学者无不深受其影响。

早在北宋初年，宋明理学开创者周敦颐一生中的主要时光都任职于江西，先后在修水、大余、南昌、赣州等地担任官职，晚年定居于庐山。周敦颐每到一地，皆讲学授徒，培养了大批理学之士，其中最为著名的是程颢、程颐兄弟。北宋庆历六年（1046），时年三十岁的周敦颐在南安军司理参军任上，二程之父程珦知虔州兴国县，与周敦颐相识。程珦视周敦颐之气貌，觉非同寻常，与之交谈，知周敦颐学问渊博，与之为友，并令二子程颢、程颐拜周敦颐为师。此时程颢十五岁，程颐十岁。据文献记载，周敦颐令二程兄弟回答何谓"孔颜乐处"。《论语》记载，孔子说：吃的是青菜和很粗糙的饭，喝的是白开水，睡觉的时候，连枕头都没有，就是曲着手臂当枕头，而生活的乐趣在其中了，如果是以不合理的方法取得富贵，他根本看不上眼，当它是天空中的浮云一样，那是很快就会消散的，绝对不要它。《论语》中还记载孔子评价颜回的话：颜回吃的是一小筐饭，喝的是一瓢水，住在狭窄的巷子中，别人都受不了这种贫苦，颜回却仍然不改变他自有的乐趣。此二者即为"孔颜乐处"。孔颜乐处是谓何意？周敦颐虽未明言，但大体认为孔颜乐处是指学者以儒家伦理观念和精神境界为基础，以成圣成贤为人的道德精神境界的奋斗目标，从而获得恒常的精神愉悦。二程的传人、宋代理学的集大成者朱熹曾长期在江西任职讲学。

南宋淳熙六年（1179），朱熹知南康军（今江西星子县），着手重修白鹿洞书院（今江西九江），并亲自制定学规，讲学授徒于此。南宋时与朱熹合称"朱陆"的另一位著名学者陆九渊也是江西籍学者，长期讲学于江西金溪的槐堂和象山精舍。

由于宋代理学的代表人物大多在江西授徒，因此江西理学名家辈出。南宋时期饶州的饶鲁是朱熹的再传弟子，在家乡建石洞书院，聚徒讲学。黄宗羲的《宋元学案》将饶鲁及其弟子列为"双峰学案"。元代抚州崇仁的吴澄是一位著名的江西籍理学名家。《宋元学案》将吴澄及其弟子列为"草庐学案"。与朱熹之学一同构成了宋明理学的两大基本派别的陆九渊之学在江西亦有广泛影响，《宋元学案》将陆九渊在抚州金溪所传之学列为"槐堂诸儒学案"，足见其在江西的影响。入明以后，江西士人理学之风依旧，诞生了一大批在明朝思想史上占有重要地位的理学名家，吴与弼、胡居仁、娄亮、罗伦等人皆有重大影响。

明朝中期以后，王守仁心学思想的形成和发展，与江西尤其是永丰县所在的吉安府有着不解之缘。正德五年（1510），王守仁贬谪贵州龙场之后任庐陵知县，此时的王守仁已经历过"龙场悟道"，开始独自创立心学体系，因此他虽在吉安仅仅八个月，但不喜以刑罚治民，而专以开导民心为本，将刚刚创立的心学思想贯彻于政教实践之中，颇具以心学为政之风。吉安一带的儒生自此开始追随王守仁。正德十一年，王守仁升任都察院左佥都御史，巡抚南赣汀漳等地。其后的五年中，王守仁不仅剿灭了江西土匪，平定了宁王朱宸濠之乱，建立了赫赫军功，而且他的心学体系逐渐定型，并通过书院教化，讲学授徒，开始传播心学思想。以地域划分，在王守仁的弟子中，尤其以江西的吉安学者为盛。黄宗羲的《明儒学案》记载的江西王门学者多达三十三人，其中吉安府占二十二人。可见吉安府是王学的主要地区之一。以聂豹所在的永丰县为例，明朝中期有以直节著名的状元罗伦，十四岁即授徒于乡，十五岁入郡庠，即志圣贤之学。成化二年（1466）举进士第一，授翰林修撰，后回乡讲学，在家乡以理学培养士子。嘉靖年间，永丰县王学学子辈出，有史可考的有曾梦祺、邱一鸿、谢蒙选、宋仪望等人。这些人大都学宗王守仁，或讲学乡里，或著书立说，使得永丰县王学之风盛行。

聂豹成长除了得益于吉安厚重的地方文化环境外，其家族有更加直接的影响。在中国传统社会中，个人的成长离不开其所在的家族，尤其是在成长、受教育的过程中，家族中的优秀成员不仅是后世子孙学习的楷模，还为子弟提供一定的教育环境。聂豹家族是永丰地方望族，历史悠久，在吉安地方颇有影响。中国传统家族的发展可以分为两个阶段，唐以前以世家大族式的世家为主，唐末五代以后，世家大族逐渐被地方家族组织取代。地方家族组织的特征有三：祠堂、族谱与族田。其中族谱是确定家族是否形成的关键性因素。吉安地方家族编撰族谱可以追溯到欧阳修。明朝以后，吉安地方兴起一波编撰族谱的风潮。嘉靖年间，永丰聂氏家族曾编撰《永丰聂氏族谱》，这使得我们能够获知聂豹家族的具体情况。据《永丰聂氏族谱》记载，聂豹所在的永丰下市之聂氏家族来自磊源（今永丰谭城乡），奇甫、文甫二人自磊源迁徙至下市，至聂豹时已有十余世，磊源的先祖来自拿埠，由四十四郎自拿埠迁徙而来，拿埠的先祖来自霍邑（今山西省汾河边的霍州市），均为十四世祖讳友（吴丹阳太守）的后裔。

永丰下市聂氏家族传至聂豹时，族谱得以重修。嘉靖二十二年（1543），聂豹升陕西按察司副使，兵备潼关，后归家休养，其间吩咐其子聂静重修家谱，以完成其父聂凤重修族谱之遗愿。聂静根据聂氏保留的宋代家谱，又参考其他族谱，并获得了下市、磊源各聂氏家族的鼎力支持，最终使新编撰的家谱刊印。

如果说永丰聂氏家族在当地广泛的人脉为聂豹的成长提供了良好的外部环境，那么其父聂凤（字玉治）主忠信、尚气概的品格则对聂豹性格的形成有着直接的影响。聂豹之父聂凤以豪气自负。年少时，被乡里富户聘为私塾教师，但不忍其傲慢态度，遂罢去。后因家境困难，兄长目盲，弟弟年幼，为家庭生计考虑，毅然承担起家庭生活的重担而放弃科举之业。聂凤之父晚年被乡里豪强袁氏污蔑，告至官府亦无法洗冤，气病至死，临终时嘱托聂凤："与袁氏的仇恨，你一定要想办法报复。"父丧之后，聂凤提刀至袁氏家门，执仇敌痛殴之。袁氏子弟欲围攻，聂凤怒目叱曰："只要你们不将我打死，这就是你们的下场。"袁氏子弟遂散去。正德六年（1511），福建广东流匪窜入江西，危害乡里，官府无力抵御，百姓深受其害。聂凤叹曰："假如我能领军打仗，哪能让鼠辈如此猖狂。"命家族子侄护妇女入山躲避，自己殿后。匪徒尾随而至，聂凤持长矛徐徐而行，贼惊叹不已，尾随而行，不敢至前，行数里而最终放弃。正德十四年，有强贼突破城垣迫近乡民，聂凤持铁杖立于门侧。匪徒发觉只有聂凤一人，遂突入。聂凤以杖击毙两名匪徒，最终使匪徒知难而退，保全了乡里。聂凤不仅尽力抵御匪患，而且疾恶如仇。乡里恶徒人人畏之，甚至官府亦不敢管理。对于这些乡里恶徒，聂凤经常当面指责其不当行为，使得这些人有所收敛，聂凤因此博得了乡民的赞许。

聂凤中年以后，家道衰落，但对儿子聂豹的教育却没有丝毫松懈。聂凤注重子女教育主要体现在两方面：其一，延请名师指教聂豹，并告诫聂豹要发奋读书，以求取功名。聂豹兄弟六人，其中四人早殇，唯独聂豹与其兄聂洪长大成人，但聂洪性格酷似其父，未从事科举业，所以聂凤对聂豹期望甚高。据说，聂豹出生时室中"忽有异光"，其祖父巽庵公内心特别看重他，于是为其取名"豹"。《易经》中有"君子豹变，其文蔚也"，用"豹变"来形容君子像豹一样，虽然出生丑陋和普通，但是经过自己修养、求知，最终像成年的豹子一样，矫健而美丽，成为一个有品质的人。开蒙以后，聂凤延请名师，鼓励聂豹刻苦学习，甚至对他说："以星命的理论看，你在某年会时来运转，考中某官。"父亲的这番话，激励了年轻的聂豹努力求学，并最终取得科举考试的成功。其二，鼓励聂豹学王守仁的良知之学。正德年间，王守仁在江西福建剿匪过程中有感于"破山中贼易，破心中贼难"，开始在赣南传播良知之学，用以教化乡里。此时聂凤听闻王守仁倡道东南，告诉聂豹说："为公卿不如为圣贤，为公卿父不如为圣贤父。"在父亲的鼓励下，年轻的聂豹开始留意王学，为后来拜王守仁为师奠定了基础。

综上而言，聂豹家乡永丰县所在的吉安府的地域文化以及家庭背景，极大地影响了聂豹后来的思想和仕途。具体来说，这种影响主要表现有：

第一，永丰县所在的吉安府及其临近地区具有深厚的地域文化渊源，这是聂豹不以科举为求学唯一目的，而留心于学术发展的重要原因。在宋代之时，吉安文化发达，名人辈出，在文学诗词等方面涌现出欧阳修等一大批地方文化名人。这些人特别注重江西地方的教育，如朱熹重建白鹿洞书院并建立起理学教学模式，对后代理学和书院教育影响极大；陆九渊在槐堂和象山精舍讲学，带出了许多门徒，持续影响了江西书院教育。元明时期，江西理学教育之风依旧，使得永丰县所在的吉安府形成了鲜明的地域文化。值得注意的是，吉安地域文化最为突出之处是哲学思想的盛行。宋明以来，无论是程朱理学，抑或是陆王心学，其主要代表人物皆于此地讲学授徒，培养了大批学宗朱陆的地方学者。厚重的理学土壤，加之王守仁长期任职讲学于此，使得明朝王学兴起之后，吉安的心学之风迅速发展。王守仁去世后，吉安迅速成长起一批著名的王学学者，聂豹就是其中著名的一位。

第二，聂豹家族不仅具有良好的儒学背景，而且其父注重子女教育，使得聂豹自幼专注于学习，为日后的成长奠定了基础。聂凤早年虽学业小有所成，被乡里富户延请为私塾教师，但因家境困难，不得已退学承担生活重担。因此聂豹家庭具有一定的儒学背景，再加之聂凤仅有聂洪与聂豹二子成人，聂洪自幼就无意举子业，故其父极为注重聂豹的教育，早年便为其延请名师。可以说，聂豹之所以在科举之路上较为顺利，与其家庭环境有着密切的关系。

第三，聂豹年幼之时，其父聂凤就已经关注王守仁创立的心学，并鼓励聂豹不要将为公卿视为求学的唯一目的，而应该以成圣成贤为求学最终目的。聂豹年幼之时，恰逢王守仁倡道东南，其父聂凤闻王守仁之学，鼓励聂豹留意。后来聂豹任福建巡抚之际，拜访王守仁，有数封书信往来。王守仁去世后，聂豹在王守仁弟子钱德洪、王畿的见证下成为王门弟子。聂豹之所以后来钟情于王学，与早年其父的教诲有着直接的关系。

第四，聂豹之父直率、刚正、质朴、不屈服的性格深深影响了聂豹。聂豹在以后的宦海生涯中，数次领兵在北方抵御蒙古人的入侵，并最终官至兵部尚书。聂豹能以一介书生取得赫赫战功，在古代儒生中是少有的，之所以如此，其父刚强的性格是重要的因素。

求学名师与以《易》中举

尽管厚重的地域文化和良好的家庭背景为聂豹的成长提供了适宜的环境，但聂豹之所以能够较早地通过科举考试进入官场，并最终成长为明朝学术思想史上的重要人物，这与聂豹早年得遇罗伦、刘霖（字中山）等名师教导有关。

罗伦（1431～1478，字应魁、彝正，号一峰）是明朝永丰县儒学士人中的典范，不仅为官刚正，而且在明朝学术思想史上占有重要地位。罗伦自幼虽因家境贫寒而樵牧，但依旧挟书诵读不辍。十四岁时，因学问有成，授徒于乡里。十五岁入郡庠，志圣贤之学。成化二年（1466）廷试，对策万余言，直斥时弊，名震京师。擢进士第一，授翰林修撰。此后不久，因谏大学士李贤"夺情"一事而名震官场。自汉代始，官场中即有丁忧制度。古代，父母死后，子女按礼须守丧三年，其间不得行婚嫁之事，不参加吉庆之典，任官者须离职，称"丁忧"。宋代形成了制度，凡官员有父母丧，须报请解官，服满后起复。如不守丁忧之制，官员三年内起复者，视为"夺情"。在中国传统官场中，"夺情"被视为官员的污点，要经常遭到弹劾。李贤是明朝中期的重臣，明宪宗成化年间进太子少保、华盖殿大学士，知经筵事，为当朝首辅大臣，成化二年二月遭父丧，奔丧毕，奉诏还朝。御史因李贤位高权重，皆不敢论说。罗伦得知李贤夺情后，曾当面阻止，但李贤不听，随即上《扶持纲常疏》，弹劾李贤。在奏疏中，罗伦详细说明丁忧对于维护纲常的重要性，历陈古今起复之非。奏章上，罗伦即被谪至福建市舶司副提举。吏部尚书王翱、御史陈选、杨琅等人数度上疏申救，皆未成功。罗伦虽因此事被贬，但声望也因此而日盛。次年，罗伦奉诏复翰林修撰职，两年后引疾归，遂不复出。罗伦辞官归乡后，在家乡倡导乡约，模仿古人设置义田以赡养贫苦族人，治丧不用浮屠之法，乡人多受其影响。居家期间，他曾联合同邑人张邦俊于金牛山建金牛洞书院，讲学其中，四方从学者甚众。成化十四年卒。罗伦因为官期间律己甚严，刚正清廉，除御赐袍服外，身后别无所存，赖门人故友助以衣冠，始殓葬。罗伦一生著有《五经疏义》《一峰集》《周易说旨》等书。嘉靖初，朝廷从御史唐龙请，追赠罗伦左春坊谕德，谥号文毅，学者称一峰先生。

罗伦致仕归乡后，与当时著名学者陈献章、胡居仁、娄谅等人交往密切，在家乡永丰积极推广与王守仁心学有着密切关系的陈献章的学术思想，极大地促进了包括聂豹在内的永丰县士人理解和接受王守仁心学思想。元明以来，朱熹之学被定为一尊，当时学子无不偃伏于朱熹之学麾下。明朝中期王守仁创立心学体系之后，朱熹之学独尊的地位才受到动摇。在王守仁创立心学之前，陈献章、胡居仁、娄谅已经开始指责朱子学的错误，并初步确立了心学发展的基本方向。

在上述三人中，胡居仁是陈献章的同学，娄谅是王守仁的岳父，对王守仁的影响都很大，然而对王守仁创立心学影响最大的是开明朝心学之风气的陈献章。陈献章对明朝心学的开创贡献主要有：

其一，陈献章在明初朱子学笼罩的风气下，通过寻找朱子学自身的理论矛盾来质疑朱子学的合理性，这一做法不仅为王守仁所继承，而且为王守仁以心学批判理学奠定了社会舆论基础。陈献章提倡"学贵自得"，指出学者为学不应以外物为认识对象，不应依靠耳目感官，不应受任何外来的干扰，而应使自己心中"真理充沛"，对于事事物物理解通透，即"学贵自得"。陈献章的这一方法指导了王守仁建立心学思想体系。据王守仁自己说，他曾按照朱熹的说法去格物，但不得其理，到第七日时甚至劳思致疾，遂明白天下之物本无可格者，其格物之功，只在身心上。

其二，陈献章摆脱了朱子学天理的笼罩，强调"心"的重要性。天理是朱子学的哲学基础，因此朱子学又被称为"理学"。而"道"在陈献章的思想体系中占有重要的位置，因此陈献章在当时有一别称："陈道学"。事实上，陈献章的"道"是由心而生，心既能生"道"，也能统"道"，因此"心"比"道"更根本。陈献章的这一说法动摇了朱子学的基础，直接开启了王守仁的心学体系。

其三，陈献章的静坐的修养方法曾被王守仁大力提倡。陈献章经历了十余年的苦苦探索，最终领悟到"为学须从静坐中养出个端倪来"，即静坐是世俗之人心通往"圣贤之心"的入手处。王守仁延续了陈献章的"静坐"之法，以静坐为基本修养方法。

由于上述影响，学术界大多认为王守仁创立心学受到了陈献章的影响。罗伦与当时著名的学者陈献章彼此仰慕。在罗伦的大力推广下，陈献章的学术在永丰影响甚大，这对于永丰学者接受王守仁之学有一定的帮助，毕竟二者之间有相当的类似倾向。

罗伦之后，作为陈献章再传弟子的刘霖在永丰继续推广陈献章的学问，并直接将此种学问传授给聂豹。刘霖少时放弃科举之业，专心学术，曾数度旅粤问学于陈献章，数月而返。返乡后，讲学乡里，培养了包括聂豹在内的大量弟子。罗伦、刘霖等学者在永丰传授陈献章之学，对聂豹的影响极大。可以说，聂豹后来之所以倾心于王守仁之学，与罗、刘二人的教育有着密切的关系。聂豹在《祭罗一峰先生文》《祭中山刘先生文》《祭中山入乡贤文》中高度评价了二人对自己的影响。对于罗伦，聂豹之父聂凤常常以其遗行鼓励年幼的聂豹，使得聂豹常有向其求学的愿望，长大入学后，获交刘霖，方详细得知罗伦之言行。对于刘霖，年幼的聂豹结识之后，遂成忘年之交。刘霖病危之际，让其子速呼聂豹来。聂豹来时，刘霖正襟端坐，握着聂豹的手说："你我三十年交谊，到此结束了，幸亏彼此都没有辜负对方。"

对于罗伦、刘霖传授陈献章之学对自己的影响，聂豹晚年在《白沙先生绪言序》中自称，与士友谈学时，言必称陈献章先生，并歌咏陈献章的诗以自娱。在聂豹的代表作《幽居答述》中，他大量援引陈献章之诗，随手拈来，毫无凑泊。对于陈献章与王守仁的关系，聂豹认为明朝自称理学者甚多，但唯独陈献章和王守仁得其要领。他还认为，宋代周敦颐、二程创立理学以来，陈献章得其精华，王守仁将其发扬光大。不仅如此，聂豹还极力驳斥当时认为陈献章的"静坐"是禅学的说法。佛禅的静坐只注意到人的本性之静而忽视了现实社会人生之动，以至于鄙夷伦理，而不屑礼乐刑政之施。陈献章的"静坐"不仅指出了人的本性之静，同时也兼顾现实人伦之动，二者的高下十分明显。由此可见，脱离了朱子学典范，讲究在静中涵养心体，与王守仁之学有相当程度契合的陈献章之学，通过罗伦、刘霖等人在永丰的大力推广传授，使得聂豹很早就理解了这种学问，当他后来全面接触到王守仁之学时，就很自然地接受了。

弘治十五年（1502），十六岁的聂豹努力向学进仕，被督学邵宝取为弟子员。据《明史》记载，邵宝于成化二十年（1484）举进士，学从洛、闽，为官后又修葺白鹿洞书院，其学属程朱一派。邵宝曾为江西提学副使，治下之学风自然由提学官所主导，因此聂豹初次接触儒学，以目前的资料来看，是由程朱学派入门。

正德十一年（1516），三十岁的聂豹以《易》中江西乡试，次年会试登进士第。明朝科举取士实行三级考试制度，即乡试、会试和殿试。乡试是科举考试的初始阶段，明朝科举制度下的选官也是从这一级开始的。《明史》详细记载了明朝乡试的时间和内容：每三年的八月初九，各省学子至省府参加乡试，所考科目为四书及《易》《书》《诗》《春秋》《礼记》五经。中乡试者称为举人，次年二月再赴京师参加会试，中会试者称为进士。明成祖洪武十七年（1384），又颁布了更为详细的《科举程式》，其核心部分是科举乡试和会试的内容，在细节上更为具体化了。无论是乡试还是会试，都需要考三场：第一场是四书和五经试题，第二场是考论、判语、诏、告、章、表，第三场是策论试题。虽然考试有三场，但阅卷官在评定试卷时，注意力多集中在前场，即第一场的制义上，以其优劣来决定考生的去取，而后场，也就是第二、三场，仅用于评定取中考生名次的高低。在前场的三道四书义和四道经义试题中，四书与五经在具体的待遇上也不一致：每一个参加考试的学子需要完成的"四书"题三道，考题都相同，而"五经"题四道则由于学子平日所学的经书不同而有所区别，学子只要选取五经中的任一种，完成四道经义题，这也就是所谓的"分经取士"。聂豹之所以"以《易》中江西乡试"，就是由前场考试内容决定的。在回答前场四道"五经"题时，聂豹以《易》为基础，完成四道经义题。由此可见，在五经中，聂豹平日用力最多、最擅长的是《易》。

从聂豹科举的经历看，他最擅长的是《易》，而《易》对聂豹后来思想的形成和发展也起到了重大作用。嘉靖二十六年（1547），聂豹陷冤狱所作的《困辨录》，首载《辨中》，次载《辨易》，以《辨神》《辨诚》两篇结束。可见聂豹对《易》有极深的研究与体验。聂豹对《易》的研究，偏重于咸卦、复卦与艮卦。咸卦是《易》六十四卦的第三十一卦。聂豹用咸卦说明心之本体虚静灵明之义。依聂豹的诠释，"咸卦"是说感通之理，旨在确立感应之体。本体只能是虚寂的，故能感通万物。故聂豹强调孔子在《易》的咸卦中特地提出虚寂二字，以确立感应之本。复卦是《易》六十四卦的第二十四卦。聂豹认为，虽然人心之本体是至静的，但此至静的心体能感动而知天下万物，于是就有了善恶相混的行为，所以道德修养就是恢复至静的本性。因此，复卦也成为聂豹诠释《易传》的重点之一。聂豹曾作《复斋记》一文，其中对复卦之义的解释有其独特的看法，也显示了聂豹修养论的基调。如果说聂豹用咸卦和复卦分别说明心之本体和道德修养方法的根本特点，构建了自身理论体系的两个基本支柱，那么艮卦则是聂豹将心之本体和道德修养方法合二为一的理论基础。艮卦是《易》六十四卦的第五十二卦。艮卦在聂豹思想体系中的作用主要有二：其一，它是心之本体的体现。聂豹认为至静、至健、至顺为心之本体，艮卦彰显出本体是至静之性体。其二，它是道德修养方法的根据。聂豹认为"艮卦"之义重在退处潜藏之义。就具体的道德实践而言，则是当行则行，当止则止；遏恶于未萌，养善于未发。

综上而言，聂豹早年接受的教育和科举经历对其思想的形成和发展产生了重要的影响。第一，罗伦、刘霖等永丰籍学者在家乡推广陈献章之学，使聂豹自幼接受了陈献章之学，这为聂豹后来走向王学之路奠定了基础。陈献章之学的出现对后来王学的产生有着极大的影响。它不仅极大地冲击了宋明以来程朱理学笼罩下的章句训诂的学风，为王学的产生作好了社会舆论准备，而且陈献章的某些说法被王守仁接受，成为王学产生过程中的重要思想资源。因此，当接受了陈献章思想的聂豹在日后接触到王学后，能够较为容易地理解王学，从而为其走向王学之路奠定了基础。第二，根据明朝科举制度和聂豹"以《易》中举"的事实看，在五经中，聂豹最擅长的是《易》，这使得聂豹在其后的思想创造过程中大量地利用了《易》的思想资源。聂豹的好友罗洪先曾赠诗聂豹说："先生爱周易，三绝事不殊。"在聂豹的著作中，我们可以发现其对《易》的引用极多。不仅如此，聂豹还利用《易》中的咸卦、复卦与艮卦三卦作为经典依据，重新诠释王学中的心之本体和道德修养方法。

华亭知县与出巡福建

正德十二年（1517），聂豹会试登进士第，开始步入仕途。聂豹在京会试时，严嵩为主考，聂豹专程拜访严嵩，这为之后的仕途铺平了道路。在明朝的会试中，考官有主考官、同考官、监试、提调官、供给官、弥封官、誊录官和受卷官等十三种，其中主考官的地位最为重要。正德十二年的会试，主考官是年仅三十八岁的政坛新秀严嵩。明孝宗弘治十八年（1505），年仅二十六岁的严嵩会试中二甲进士。正德二年（1507）授翰林院编修。次年因祖父及母亲相继去世，丁忧八年之久。丁忧期间，继续苦读，诗文峻洁，声名始著。正德十一年起复还朝，任翰林院编修。复官之初，严嵩对朝政多持批评之论，他多次提到：正德年间，天下所疾苦莫如逆竖妖僧。因此，正德年间的严嵩为官名声甚佳，正德十二年被拜为会试主考官。按照明朝科举惯例，生员一登科第，则称主考官为座师，生员为主考官之门生，所以说严嵩与聂豹为师生关系。据明朝学者何良俊回忆，聂豹会试后曾亲往严嵩处拜师自认为门生。何良俊问其故，聂豹回答：我中举时，李梦阳做提学，甚关爱我。李梦阳曾告诉我："如今辞章之学，翰林诸公中严嵩为最高。你到京城，应当到府上拜访。"所以我到京就立即拜访他，行弟子之礼。聂豹进士及第后，与严嵩建立了良好且稳定的关系。在聂豹的《文集》中，保存有与严嵩往来的文字三篇，分别是嘉靖二十二年（1543）的《上内阁严相公》、嘉靖三十一年为严嵩的文集《直庐稿》作的《直庐稿序》、嘉靖三十八年的《少师严公八十寿序》。

正德十五年（1520），聂豹就选吏部，授南直隶华亭县知县。"华亭"初见于《三国志》，建安二十四年（220）十一月，吴孙权封右都督陆逊为华亭侯。明朝时，华亭县隶属于南直隶松江府。1914年因与甘肃省华亭县同名，改名松江县，现位于上海市境内。明正德嘉靖年间，华亭在东南为商品经济发达之地，在此地为官者，往往易受其影响。聂豹任华亭知县后，整顿地方吏治，清缴钱粮税收，整修水利设施，兴办地方教育，使华亭地方大治。

在吏治方面，聂豹上任之前，华亭县衙内有一些差役与地方人员相互勾结，聂豹革除与地方勾结的差役，严格差役的行为，令其不得干涉地方事务。每月"听讼日"公开审理各种案件，使得豪强不得干预，怨情得以申诉。每年审编徭差，皆亲自查封，吏胥不得从中作梗。

在钱粮税收方面，华亭钱粮定额为八十余万，但正德十五年之前，从未完成定额，多获蠲免，其中原因在于经手的差役往往趁机侵吞。聂豹获知其中内情，严加审问，最终追还官银一万六千余两、米五千六百余石，尚有多收秤头银二千六百两悉数追回，用以弥补经年亏欠以及赈济灾民。为从根本上杜绝亏欠，聂豹令人核实田亩，查出隐匿田亩一顷七十亩。在县三年中，积谷至一十九万余石，复业人户至三千二百二十三户。地方富户许震为逃避清缴，私置金于酱瓮中送之，聂豹遂严加惩处，一时豪强恐惧，境内大治。

在整修水利设施方面，华亭县地势东高西低，聂豹因势利导，延请通晓水利者，撰次图说，悉力疏浚修筑，共计疏浚塘港三万丈之多，修筑堤坝十之六七。

聂豹任职华亭期间，最为突出的成就是兴办地方教育，培养了包括徐阶、何良俊在内的一批著名学子。聂豹任华亭县令期间，拳拳以兴起学校、培养人才为事。徐阶为诸生时，聂豹被其文采震惊，叹曰："此人有宰相的潜质。"同时被聂豹赏识的还有徐南金、张承宪、杨世贤、杨子亨等数十人，皆被聂豹收入门下。此外，尚有何良俊、何良傅、王君陪、王君球等十数人朝夕受学。聂豹亲自为学子讲学，教授《易经》，同时证之以儒家"中和"、孝悌之说，又以古人道德可师之事迹感动诸位学子，取得了很好的教学效果。嘉靖元年（1522），提学御史萧凤鸣至华亭考核学子，其所赞赏者皆出于聂豹门下。萧凤鸣笑曰：华亭才俊被君一网打尽了！嘉靖元年秋诸学子赴南京乡试，多在高等。嘉靖二年，徐阶登探花及第，授翰林院编修。聂豹门下学子以科举起家入仕者数十人，其余人也各以文章气节著名于当时。

嘉靖二年，聂豹三年华亭知县届满，赴吏部述职。当时朝廷欲擢升聂豹为吏部官员，聂豹力辞不就，复任华亭知县。嘉靖四年，聂豹被召入都察院福建道监察御史。明朝的监察御史尽管仅位列七品，但位微权重。都察院因向皇帝本人负责，在中枢系统的政治架构中具有相对的独立性，加之言官集团大都由新进士补充，他们棱角未失，敢于直言，常常评议朝政，影响皇帝的决策，是明朝政局中不可忽视的一股力量。聂豹任监察御史之初，便上疏论司礼太监张佐违诏收补内监工匠；又联合给事中蔡经、监察御史高世魁弹劾兵部尚书金献民、侍郎郑岳收受宁夏总兵官种勋之贿赂，为东厂所获后，又妄图通过贿赂逃脱惩罚——在聂豹等人的弹劾下，二人最终都被罢官入狱；又与内阁学士费宏、翰林院检讨刘夔等人上疏论礼部尚书席书为其弟席春谋取翰林检讨一职。聂豹官拜监察御史仅三个月，三次上疏弹劾司礼太监、兵部尚书、礼部尚书等人所畏忌不敢言之权臣，声震一时。同年，因华亭知县任内政绩卓著，按例赠封亲属，其父聂凤被敕封为华亭知县，其妻宋氏被封为孺人。

嘉靖四年，聂豹任监察御史数月之后，转任应天等处稽查马政。明廷为蓄养马匹，增强兵力，令民间养马，并设置相关官吏，管理马政。马政繁杂，不仅严重困扰了朝廷，《明实录》中关于马政的奏章可谓连篇累牍，即可见马政之难之繁，而且增加了百姓的负担，令百姓苦不堪言。聂豹上任后不久，有感于百姓深受马政之害，上《免重科以苏民困疏》，历数马政弊端，欲将江南抛荒田亩、逃亡丁口从实稽查，免其养马之役，将原额种马折价入官，待以后条件成熟时，再行恢复。各处草场，无论养马与否，核实荒熟肥瘠，征收草料钱额。在奏折的最后，聂豹动情地说："百姓深受马政之害，马去一匹则少一匹之害，得一匹之利。"为民请命之情，溢于言表。

在聂豹的一生中，巡按应天马政是重要的转折点。在此期间，聂豹亲自拜访王守仁，开始走向弘扬王学之路，最终成为明朝中晚期著名思想家。嘉靖五年（1526）春，聂豹接触到王守仁的良知学说。为深入了解王守仁的学说，聂豹亲往浙江绍兴向王守仁请教。聂豹问学于王守仁的具体情形，现已不可考，但王守仁在给学生欧阳德的信中称聂豹"开口便能相信"良知之说，并称赞聂豹资质异于常人。又说，聂豹见识尚浅，未能洞彻良知之说的真谛，是以未免尚为旧说所障，然而其胸中渣滓绝少，又已识得良知学之关键所在，加之其笃信好学，所以最终能洞彻良知学。

聂豹返回后，又写信向王守仁请教。聂豹写给王守仁的信现已不存，但王守仁给聂豹的回信即为《传习录》中卷的《答聂文蔚第一书》。这封回信大体有两方面的内容：首先，抒发王守仁晚年的"救世苦心"。我们知道，中国传统儒家虽然以"内圣外王"和"太上立德，其次立功，其次立言"作为追求的最高境界，但在儒学历史上，很少有人达到，而王守仁一生文治武功皆备，基本实现了儒家的最高境界。王守仁早年发扬了孟子、陆九渊一系的心学思想，革除了宋元以来朱熹之学一味追求经传注疏，而忽视道德修养的荒疏学风，创立了以"良知"为核心的心学思想体系，将儒学重新拉回到注重身心修养的轨道上来。不仅如此，正德年间，王守仁数度剿灭江西福建等地匪患，当宁王朱宸濠在江西南昌起兵叛乱之际，仅用数月就平定了这场叛乱。王守仁一生虽然对明王朝建功至伟，其政治生涯却颇多不顺，先后受到宦官刘瑾、权臣桂萼等人的打击，甚至去世后，其学说一度被明廷禁止。尽管如此，在写给聂豹的回信中，王守仁说："天地万物，本吾一体，百姓之疾苦，即吾身之疾苦，因此世之君子唯有以致良知为本，方能公是非，同好恶，视人犹己，视国犹家，而以天地万物为一体，求天下无治，可得矣。"在这里，王守仁不仅以感同身受的态度对待百姓的疾苦，更重要的是他认为君子应怀着"万物一体"之心，拯救万民之疾苦。由此可见，晚年的王守仁尽管遭受到种种不白之冤，但一直怀着"救世苦心"。其次，王守仁鼓励聂豹要对良知之学抱有信心，不要为世俗的看法所左右。

王守仁认为，孟子的良知之说之所以在后世不明，是因为当今之人各怀私心，偏琐僻陋之见，狡伪阴邪之术，不可胜说；更有甚者，外假仁义之名，而内行自私自利之实。尽管如此，我们依旧要相信革除天下之弊端的方法在于良知之学。因此我们要对良知之学抱有信心，天下都相信不算多，一人相信不算少。当然，王守仁这封信，不仅是对聂豹的鼓励，也是以之抒发自己的心境。后人对这封信的评价是：王守仁遁世无闷之情，尽数表达。

嘉靖五年后，聂豹虽然亲自问学于王守仁，接受了他的良知之学，但此时的聂豹并未与王守仁保持一致，他主要是倾向于王守仁后学之一泰州学派的思想。王守仁去世后，来自江苏泰州的弟子王艮创立了泰州学派。在王艮看来，良知学说的优点在于孩提知爱知敬的当下之心具有天然之妙，即良知是现成的，每一个人自孩提时代就具有现成的良知，只要遵循这一良知自然而行，就是成圣成贤的道德修养。因此，王艮提出了"百姓日用即道"的说法。聂豹此时的想法与泰州学派的"百姓日用即道"较为相似。他在《重刻大学古本序》中这样描述当时的思想状况：初闻王守仁的教诲，一时无法理解其学说的精神，事后在自己身心日用之间反复琢磨，方体悟到王守仁之学的精神实质，以前的种种疑惑顿时消失。值得注意的是，聂豹所说的由疑转信的原因是在自己身心日用之间反复琢磨，由此可见，良知并不是抽象的哲学概念，而是蕴含在人们日常好恶、忧惧、亲爱、畏敬、哀矜等现实情感行为之中，因此我们应该在身心日用之间体认良知之所在，而所谓格物，就是像圣人那样，去除人不善的情感行为，使之合乎天理。

嘉靖六年，聂豹再次致书王守仁及其弟子欧阳德，与之论学。聂豹写给王守仁和欧阳德的书信现已不存，二人是否有回信，亦不可考，但据《双江聂公行状》记载，聂豹在书信中与二人极力论证孩提知爱知敬为良知本来面目，此后教导学者要实行孝悌之道。由此可见，此时的聂豹延续了嘉靖五年时对良知的理解，很少改变。

嘉靖六年年底，聂豹由巡按应天马政转任福建巡抚，嘉靖七年（1528）春入闽。明朝初年，朱元璋设立了承宣布政使司、提刑按察使司、督指挥使司三司并立的省级行政制度。明中期宣德、正统以后，在三司的基础上又陆续向各地派驻巡抚。明朝巡抚设立之初尚属因事而设的临时官员，主要由进士出任。嘉靖时期，全部十三个布政使司均设定员巡抚，三司属其管辖，巡抚制度逐渐固定，主要担负抚巡地方、考察属吏、提督军务，即治民、治吏、治军等职责。聂豹任福建巡抚期间，正是明朝巡抚制度形成、职责逐渐固定之时。《聂豹集》中保存的奏疏大多是此时所上，涉及福建地方各种事务。大体说来，聂豹任福建巡抚期间，主要有以下政绩：

第一，清查寺庙、道观田产，以备赈灾抚恤之用。聂豹认为，寺庙和道观是影响福建百姓民生和政府经济力量的大患。寺观所占地方土地的比例极大，严重危害了地方百姓的生活。以福建为例，占总人口不及百分之一的僧道竟然占有福建土地总数的一成，钱粮总数的两成。寺观占有大量财产不仅不利于佛道的发展，而且会带来增长僧道淫侈之心、结交官府、私买田宅等弊端，而这些弊端又会浪费寺观所积财产，最终使僧道衣食无着。地方富户会为争夺寺观财产而争讼不息，既浪费官员精力，又败坏民风。为解决上述问题，聂豹命每寺观除留存一百二十亩田地外，多余者拨予小民佃种纳粮，数年以后可使福建灾荒、百姓争讼、小民犯法等问题都迎刃而解。

第二，严格核查官员免赋役之数，杜绝"诡寄"现象，以减轻百姓负担。按照明朝法律，士大夫一登举人或进士，选授官位，则免除赋税徭役。各级官吏的亲朋好友，甚至乡邻百姓也往往将自己的田地伪报在该官员名下，借以逃避赋役，少者不下十石，多者三四十石，甚至有高达百石者，这一现象称为"诡寄"。福建境内诡寄盛行，使得普通百姓的负担大大增加。为杜绝诡寄之害，聂豹建议举人进士登第之初，便要求上报本户丁粮数目、作何营生及户内有无什役事项，选官之后，户部吏部及地方官府严格按照上报数目核减赋役，以此杜绝诡寄。

第三，严格考察居家官员行迹，以正官场风气。明朝的官员考察分为外官考满制度和京察制度两种。外官考满制度是指府州县属官由本级正官初考，正官由本管上级正官初考，并报上级层层核查，最后再经按察司官核查，报吏部考核；布政司、按察司首领官、属官由本衙门正官初考，报吏部考核；布政司四品以上官、按察司五品以上官，俱系正官和佐贰官，由都察院初考，吏部审核。京察制度是指在京官员六年考察一次，凡遇京察，四品以上京官上疏自陈功过，由皇帝裁决，五品以下京官，包括见任、住俸、公差、丁忧、养病、侍亲、给假未报并六年内升任未经考察等项官员，都由本衙门正官撰写考核意见送交吏部，最后由吏部会同都察院和各衙门正官"从公考察"。尽管明朝有完善的官员考察制度，但在执行过程中存在着明显的纰漏，造成官场中为求声誉而修饰忍耐、逃避考核而求闲职、爱护官爵而托故回家等不正之风盛行。官员一旦归乡，则结纳上司，凌辱乡里，以至于当时有谚语说："宁可邻居人卖菜，不可邻居人做官。"为纠正官场风气，聂豹建议，士大夫罢职居家者，不论其职之崇卑，官之能否，俱令监司府州县等官察其居家所为，秘密报告巡抚衙门，巡抚衙门复加察识，定位考语，直接报于吏部，吏部兼举而总察之；居家未罢职者，则以其居家之事迹，参诸居官之政事，善果相符者，可越级提升，恶果相符者，则即日罢去，二者之间，则酌量轻重以为进退。

第四，严法守，以安定地方。福建地处东南沿海，走私盛行，海盗猖獗，尤其是闽浙交界处的汀州、处州、温州等地尤甚。聂豹为安定地方治安，命福建各府县选派精干官员，督率乡里耆老，查报平日打矿劫海之寇，同时组织各县官兵壮丁，按时给予公食，令其居之寺观，用以严申矿禁海禁，维护地方治安。

第五，表扬卓行，弹劾庸员，清理整顿福建官场。福建镇守太监赵诚横征暴敛，聂豹移文按察司，查其在驿递上的冒费行为，使赵诚大为收敛。又奏请革职市泊使贪渎，另派官员镇守。漳州詹知府、龙溪黎知县，贪声久著，聂豹到任即弹劾之。建宁知府陈能虽已转任他处，但聂豹依旧追究其贪赃枉法之行。陈能狡诈，贿赂上司，以疏自辩，当政者欲反责聂豹，聂豹又上疏论之，最终使陈能罢官而去。不仅如此，聂豹特别重视表彰福建地方政绩突出的官员，多次上疏举荐各级官吏。总之，经过上述努力，福建地方民生、风气、治安等得到了显著的改善。

聂豹任福建巡抚期间，在治理地方行政之余，还努力研习王守仁的学术思想。嘉靖七年春，聂豹入闽之时，致书远在广西剿匪的王守仁，向其陈述嘉靖五年以来的学习心得，并请教学术问题，即《聂豹集》卷八中的《启阳明先生书》。在这封信中，聂豹谈了四点体会：

第一，致良知的方法。自秦汉以米，大多数学子在身心之外寻找求仁求心的方法，至今日的科举之学，其弊端尤甚，是以王守仁先生不得已揭示出良知之学，以救天下之弊。聂豹认为，践行良知之学的具体方法是孝悌。聂豹自称，尝反求于心，但此心出有入无，不好把握，近来求之于事亲从长之间，便觉此心有所循持。例如，不善的欲望方萌时，告诫自己此欲望不是孝，则妄念自消；有过分的言行时，告诫自己此言行为父母招祸也，则羞愧难忍。由此可知，践行良知之学的具体方法不在于求之于书册，而在于实行孝悌。

第二，仕宦过程中如何避免日常事务污染良知。聂豹认为，出仕为官，当熟知下属是否称职、百姓疾苦是否得以表达、民风是否淳朴等事务。而官员履行职责过程中避免被日常事务污染良知的关键在于"诚"。诚者，一言一行皆良知的体现，如有一毫自私自利之心掺杂其中，自能察觉；不诚者，一言一行皆良知的拖累。因此，学者为避免俗世杂务对良知之性的干扰而厌恶外事、守空悟静之举并不是真正的良知之学。

第三，心外求理不是处理理事关系的正确方法。程朱理学认为天理落实于事事物物之中，因此求得天理的方法是"格物穷理"，即通过今日认识一物、明日认识一物的方法，最终豁然贯通，认识到天理。王守仁为反对朱熹的理事关系，提出了"心即理"之说。聂豹重申了王守仁的"心即理"之说。

第四，尊德性与道问学之间应以尊德性为重。南宋的朱熹和陆九渊是宋明理学中心学和理学的代表，二人曾辩论尊德性与道问学的关系，朱熹认为为学之要在于"道问学"，陆九渊认为是"尊德性"。聂豹信中说明了自己对这一问题的看法：尊德性与道问学不可偏废，二者都是《大学》提倡的方法。

事实上，聂豹提出的上述四个问题，不仅是王守仁思想中的重要问题，而且关乎程朱理学与陆王心学的关系。王守仁接到聂豹的信后，十分重视，很快就写了回信，即《传习录》中卷的《答聂文蔚第二书》。在回信中，一方面，王守仁认为聂豹的学问大有进步，另一方面，指出信中的问题，认为信中有一二处不明白，这是致良知之功尚未纯熟所致。到纯熟时，就没有这些不明白之处了。

聂豹任福建巡抚期间，利用掌握的行政资源，建立养正书院，用王学教育学子，以期从实践层面推广王守仁的学术思想。中国传统书院始建于唐代，发展于宋代，是传统社会的地方教育组织。唐宋时期，书院多为民办，由富室、学者自行筹款，于山林僻静之处建学舍，或置学田收租，以充经费，后逐步变为半民半官性质的地方教育组织。早在南宋时，由于宋明理学大师朱熹长期在福建从事讲学活动，使得福建书院教育较为发达。明朝正德嘉靖年间，王守仁及其弟子积极在各地建立以王学为主导的书院，并利用书院聚集地方学子，开展讲会活动，传播王学思想。浙江的阳明书院、混元书院，江西的复古书院，安徽的水西书院、志学书院，是这一时期王学学者开办的书院的代表。

聂豹任福建巡抚期间，在福州创办了传播王学的书院——养正书院。聂豹在《重修养正书院记》中，着重解释了"养正"一词的含义。聂豹认为，朱熹晚年以"静中体喜怒哀乐未发之中"纠正了早年侧重于辞章训诂的偏差，从而将"未发之中"确立为圣人之学的核心，然而后世不知求"中"于未发，而妄图于世俗事物之中求"中"，结果流于辞章记诵的俗学，于是就有了"正学"与"俗学"之分。所谓"养正"，就是以"未发之中"为核心的正学教育学子，遏制重辞章训诂的俗学。在当时，聂豹所说的朱熹晚年思想的转向被称为"朱子晚年定论"。当然，对于朱熹是否有所谓"晚年定论"，明朝以来对此争论不止，但王守仁及其弟子们为凸显自身学术的合法性，调和王学与当时占统治地位的朱子学之间的关系，力主"朱子晚年定论"。通过聂豹的《重修养正书院记》可以发现，聂豹创建养正书院的目的是传播和弘扬王守仁思想。

聂豹不仅在福建创办养正书院传播王守仁思想，而且在福建刊刻《传习录》《大学古本》《二业合一论》《道一编》等著作，以扩大王学在福建的影响。王守仁去世后，其学说一度被官方禁止，但王守仁的弟子们积极编撰刊刻《传习录》等著作，这对王守仁思想的传布功不可没。聂豹刊印的《传习录》现已不存，但大体可知与今天流传的三卷本《传习录》不同。据聂豹的《重刻传习录序》记载，这一版本共有六卷。"大学古本"一说始于王守仁对朱熹的《大学章句》的批判。朱熹重视《礼记》中的《大学》一篇，但认为文字有缺失和错乱，故"采而辑之"，"补其阙略"。"采而辑之"主要是将古本分为"经"一章、"传"十章，并按"经"之"明明德""新民""止于至善""本末""格物致知""诚意""正心修身""修身齐家""齐家治国""治国平天下"的次序，对"传"文直接进行了调整。"补其阙略"则是在"传"之第五章下，以按语形式补入"致知格物"章。王守仁反对朱熹对《大学》古本，尤其是"格物致知"章的调整，力主恢复"大学古本"的原貌。聂豹在《重刻大学古本序》中称赞王守仁有功于圣人之学。"二业合一"是王守仁好友湛若水的提法，主要是为了处理好学业与举业的关系，应在以学业为本的基础上，"二业合一"，把举业当作学业成就的自然结果。聂豹刻《二业合一论》的目的显然是要纠正当时学子注重科举而放弃身心修养的偏差。《道一编》是明朝中期著名学者程敏政的代表作。这篇文章的主要内容是调和南宋以来朱熹和陆九渊的学术争论，程敏政认为朱熹和陆九渊的学问开始不同，但最终是一致的，二人的思想并不存在不可调和的矛盾。聂豹在《重刻道一编序》中说：程敏政先生在明初朱陆之学孰是孰非的争论中，折中朱陆之学的不同观点，撰写《道一编》一书，不仅推动了陆九渊心学思想的传播，而且有助于补充发展朱熹的理学思想，其功劳不小。从聂豹刊刻上述四书及其所作的《序》中可见，聂豹此举的目的十分明确，其一为传播王守仁思想，其二为调和王守仁思想与当时占统治地位的朱子学之间的矛盾。

嘉靖七年十一月，王守仁病逝于广西思田剿匪军中，噩耗传至福建，聂豹悲痛异常，设牌位祭奠，行弟子礼，又作诗《哭阳明先生两首》：

> 闻道阳明事已非，独含清泪哭吾私。
> 人怜星陨悲诸葛，我泣山颓逝仲尼。
> 百战殊勋收伪汉，一言秘诀启良知。
> 斯文后死应谁与，万古龙山拜旧祠。
>
> 奠位衔哀锁院门，山颓梁委裂心魂。
> 东流不尽门人泪，北斗谁知夫子尊。
> 气运盛衰关治乱，斯文命脉系乾坤。
> 难将修短论颜跖，已死周程今尚存。

嘉靖八年（1529），聂豹福建巡抚任期满，遂上疏养病乞休，但又被任命为宁波知府。聂豹再上《病发不能供职乞恩休致疏》，二度乞休，不允，改任苏州知府。聂豹任职福建期间，撰有《巡闽稿》，现已不存。

嘉靖九年，聂豹转任苏州知府。明朝嘉靖年间，苏州为东南首郡，民风豪纵，一向难以治理。聂豹任职期间，注重兴办学校、矫正民风、问民疾苦、查禁赌博、抑制豪强，取得了很好的效果。在教育方面，聂豹常常与当地学子问学于书院，相互切磋。嘉靖万历年间，苏州名士多出自聂豹门下，如吏部尚书严讷、《永乐大典》总编纂官瞿景淳、兵部侍郎王忬、礼部主事陆师道、太仆卿顾存仁等。为矫正民风，聂豹注重以儒家礼法教育百姓。当时苏州有兄弟二人诉讼，聂豹命二人至官府旁听诉讼过程，希望能感受到诉讼有悖兄弟手足之情。二人不觉，诉讼依旧，于是聂豹认为其冥顽不化，重重羞辱他们，最终使他们幡然醒悟。在抑制豪强方面，聂豹严厉打击地方不法分子，维护地方治安。苏州巨寇王子家，曾因不满官府而纠集凶徒为患于太湖中，聂豹令人严加清剿，不出十日即擒获治罪。太仓有巨盗龚渊、龚锦兄弟为害海上，聂豹遣人抓获其弟龚锦，而龚渊逃脱，于是乃纵龚锦，龚渊果然前往其弟家，聂豹遂擒之。在问民疾苦方面，聂豹有感于驿递和宫廷织造是地方百姓的沉重负担，遂分拨夫役，清查钱款，各有成法，大大减轻了百姓的负担。

任职苏州期间，聂豹在钱德洪、王畿的见证下，拜王守仁为师。聂豹虽于嘉靖五年问学于王守仁，此后又以书信请教，并在王守仁去世后在福建行弟子礼祭拜，但他终究不是王守仁门下的记名弟子，一直以"晚生"自称。钱德洪和王畿是王守仁门下的著名弟子，二人以精通王守仁学说著称于世，被称为王门弟子中的"教授师"，即可以代王守仁教授弟子。据《阳明年谱》记载，聂豹在苏州见钱德洪、王畿时说：我的学问得之于王守仁，但尚未拜王守仁为师，今天在你们二人的见证下，行拜师之礼。自此以后，聂豹称王守仁门人。

聂豹在苏州期间，还结识了王门后学的代表人物——罗洪先。罗洪先（1504～1564），字达夫，号念庵，江西吉安府吉水县人，与聂豹不仅是吉安同乡，而且都问学于吉安著名学者罗伦，但罗洪先少聂豹十八岁，于嘉靖八年举进士第一，授翰林院修撰。王守仁去世后，罗洪先是弘扬王守仁思想的主要代表人物。科举之后，罗洪先弃官不就，长期讲学于各地，大力弘扬王守仁之学，在江西更是培养了一大批王学士子。罗洪先任翰林院修撰不到一年，即请假告归，乘舟南下，途经仪征时，一场突如其来的大病使他几乎丧命。正是在此时，聂豹与罗洪先结识于苏州。对于二人的相识，罗洪先晚年回忆说，二人最初相见于苏州，从此便是莫逆之交。

正德十五年至嘉靖九年，科举及第后的聂豹开始步入仕途，先后任华亭知县、应天马政、福建巡抚和苏州知府。嘉靖五年，聂豹亲自问学于王守仁，并在随后的福建巡抚任上开始了推广王学的实践活动。概而言之，这一时期对聂豹的影响主要有三：

第一，聂豹与严嵩、徐阶建立了良好的私人关系，为后来的仕途铺平了道路。在赴京会试时，严嵩是当年的主考官，按照明朝科举惯例，严嵩与聂豹是师生关系。会试后，聂豹亲往拜会严嵩，二人建立了长达四十年的良好的私人关系。聂豹任华亭知县期间，特别注重当地的教育，将华亭有才华的学子延揽至麾下，其中就有徐阶。严嵩和徐阶二人先后担任嘉靖隆庆朝的首辅长达二三十年，前者是聂豹之师，后者是聂豹之徒，这种关系为聂豹后来的仕途铺平了道路。《明史·聂豹传》中说：聂豹本无应变之才，只是和大学士严嵩是同乡，其学生徐阶又是首辅大臣，所以才被明世宗倚重。聂豹是否有应变之才，尚可继续讨论，但其与严嵩和徐阶的关系对后来聂豹仕途的影响，应当是确定无疑的。

第二，嘉靖年间，聂豹短暂地问学于王守仁对其学术生涯有着重大的影响，这使得聂豹既学宗于王守仁，又未严守王守仁的学术思路。在科举之前，聂豹虽受过陈献章弟子的教育，但没有证据表明聂豹曾接触过王守仁的学术思想。任华亭知县期间，聂豹向当地学子教授的主要是《易经》。直至督应天马政时，聂豹才亲往浙江短暂地拜会王守仁，此后二人两番书信往来，最终于嘉靖九年在钱德洪和王畿的见证下，拜王守仁为师。由此可见，聂豹虽然学宗于王守仁，并在其去世后追拜为师，但他对王守仁思想可能更多的是自我体会与理解，这使得聂豹在问学于王守仁之后即表现出与王守仁不相类的思想。例如，聂豹在给王守仁的两番书信中，都以当下之心理解良知，因此王守仁两次都指出聂豹见识尚浅，未能洞彻良知之说的真谛。聂豹以自我理解、诠释王守仁思想的倾向对其后来思想的发展有着重要的影响。

第三，这一时期，聂豹表现出不仅注重从思想内涵上理解王守仁之学，更注重通过兴办书院、刊刻书籍等实践活动推广王学的倾向。这一倾向在以后有更加充分的发展。在王守仁生前，其学术思想的影响尚小，更多的是学者之间的研习。王守仁去世后，经过其弟子们的推广，王学成为影响明朝中晚期社会的思想洪流。可以说，在推广王学方面，聂豹起到了重要的作用。

第2章

丁忧与悟学

青原讲会与王学流弊

　　嘉靖十年（1531）十月，聂豹于苏州知府任上启程赴京入觐之际，家中父丧消息传来，遂归家治丧。聂豹以古礼结束丧葬祭礼后，按照明朝礼法，须在家丁父忧。嘉靖十三年，聂豹之母去世，再丁母忧，前后居家十年。在这十年中，聂豹没有了政务干扰，刻苦研习王守仁之学，并与吉安的王门学子邹守益、欧阳德、罗洪先等人切磋交流，加深了对王守仁之学的理解。在此基础上，聂豹开始发展王守仁之学，逐渐形成了以"归寂主静"为宗旨的学术思想，从而奠定了在明朝学术思想史上的地位。

　　嘉靖十三年，聂豹参加安福人邹守益举办的青原讲会，就王守仁思想及其后学中的许多重大问题，与王门学子王畿、邹守益、欧阳德、罗洪先等人展开了深入的探讨。邹守益是王守仁在世时的重要弟子，也是王守仁去世后推广王学最为著力者之一。正德十四年（1519）以后，邹守益多次问学于王守仁。嘉靖元年（1522），邹守益进京复职途中，专程赴浙江看望王守仁，停留了一个多月。其间王守仁对邹守益的评价很高，认为邹守益可以与孔子的著名弟子曾参相媲美。嘉靖年间，邹守益在安徽、江西等地广建书院，筹划讲会，积极推广王守仁之学。青原讲会是邹守益在江西吉安府推广王学的主要活动。

所谓讲会，是指中国传统社会中学者之间讲学的聚会。在明朝中后期，讲会对王守仁及其后学的发展、传播与推广具有重要的意义，学术界将这种讲会称为明朝王学讲会或阳明学讲会。

具体来说，明朝王学讲会是指始于明朝中期，由乡绅士子们结集组成，以王学为主导且兼具学术与道德修养目的的定期聚会。就成员而言，王学讲会成员主要包括三类：一是著名的学者扮演讲会发起人和讲授者的角色，实际讲述王学的精义并领导讨论；二是地方官员和富户扮演倡导者和资助者的角色，对讲会在地方的成立有实际的推动能力；三是地方生员为参与讲会的最大群体，也是维系讲会实际运行的主力。就讲会的地点而言，王学讲会主要在书院、寺庙或道观中进行。明朝书院大多具有半官方性质，因此在书院中开展的讲会往往与书院所在地方官有密切的关系。在王学学者主政地方的书院中，往往会举行各种王学讲会。万历年间张居正禁书院讲学后，书院中举办的讲会受到了很大的打击。除了利用书院外，王学讲会也在寺庙和道观中举行。这是因为寺庙和道观是明朝少数开放给地方公众举行各种活动的公开场合，加之寺庙和道观多位于山灵水秀之地，是学者游历、聚会的最佳去处。如北京的灵济宫和南京的鸡鸣寺是王学学者常常举行讲会之地。就时间而言，王学讲会的时间不固定，但同一讲会多以定期举会的形式进行。就组织方式而言，王学讲会有半官方性质、学者性质和地方家族性质。半官方性质的讲会多由各级信奉王学的官员来组织，其中最著名的是北京的灵济宫讲会，组织者是当朝首辅徐阶；学者性质的讲会是由乡王学学者组织，参与者多为地方士子，这类讲会为王学讲会的主体；地方家族性质的讲会是由地方家族组织和资助的，用以教化家族成员的讲会活动。就讲会内容而言，王学讲会一方面研讨王学内部的重要话题，其内容多指向自我身心的"自得"之说，另一方面强调师友之间在生活上患难相恤、互相资助，精神上的反省规过，以友辅仁。

总之，在明朝嘉靖年间王学的发展过程中，讲会对于王学的传播和推广具有极大的促进作用，其中对吉安王学的发展作用最大的当属邹守益、聂豹推动和参与的青原讲会。

青原讲会，亦称青原山讲会或青原大会，顾名思义，是指在青原山举办的讲会。青原山在江西吉安府庐陵县城南十五里，赣江之东，绵亘数十里，由象鼻峰、狮子峰、玉带峰、驼峰和海拔约三百多米的诸多小山峰组成，山中景色秀丽宜人。早在正德五年（1510），自贵州龙场归来的王守仁曾任青原山所在的庐陵县令。正德十五年，平定宁王朱宸濠叛乱的王守仁在邹守益等弟子的陪同下游览青原山，赋诗《青原山次黄山谷韵》，抒发放身自然的情怀，并对邹守益提出在此召集士人举行讲会的构想。嘉靖十二年（1533）七月，邹守益实现了王守仁的愿望，召集吉安府士人举行了第一次青原讲会。

次年，青原讲会成为了吉安府九县士人参加的大型讲会。通常，吉安府各县平日的讲会每月或间月就近举办，然后每年于春秋两季，各县士人集会于青原。例如，安福县各乡平日有惜阴会，至春秋时节复合九县之士，会于青原，互相砥砺启发，先后持续了数十年之久。青原讲会的参加者不仅有吉安士人，而且有外地学者，成为了跨地区的大型学术聚会。当地学者欧阳德、聂豹、罗洪先等人，浙江学者钱德洪、王畿等著名王学学者不止一次参加青原讲会。邹守益在《青原赠处》中说：浙江学者王畿不远千里参加青原讲会。

嘉靖末年，随着邹守益、罗洪先、聂豹、欧阳德等王门一传弟子的相继离世，包括青原讲会在内的吉安府讲会活动一度萧条。隆庆年间，在王门二传弟子的努力下，青原讲会再度兴起。先是邹守益之孙邹德涵于隆庆三年（1569）倡学于青原山，接着，王时槐、胡直等人相继主盟，一直延续到万历年间。总之，青原讲会是凝聚全吉安府，甚至整个江右王学的重要活动，它的举办，标志着江右王学进入了全盛时期。

据邹守益的《青原嘉会语》记载，嘉靖十二年的第一次青原讲会主要讨论了六个问题：一是诚意与致知格物的关系。二是正心修身，是否为二事。三是齐家与治国平天下，是否为二事。四是无官位者当如何行事。五是聂豹所谓忘与助者，其意为何。六是敬与静是否流于助长。与会学者无分于烦简，无分于昼夜，无分于穷达，深入讨论了上述六个问题，最后统一了意见，并书之成册，人手一份。值得注意的是，聂豹虽未参加此次青原讲会，但他提出的"忘"与"助"却成了讲会中讨论的重要问题。讲会最终对此的解释是，所谓忘，是指为善而不纯，去恶而不尽，这是荒废良知，故谓之忘；所谓助，是指如同拔苗助长一样，企图不经历扎实的道德修养就能够做到为善与去恶，这也损害良知，故谓之助。由此可见，此时的聂豹已经是吉安府王学的核心人物，其对王守仁思想的诠释成为当地学者热议的话题。

嘉靖十三年，再次举行青原讲会，与会学者多达二百余人，在家丁忧的聂豹参加了此次讲会，并在《永宁重修儒学记》中记述了这次讲会的经过。邹守益在《录青原再会语》中记载了这次讲会讨论的四个问题：

第一，儒学与佛老的区别。自王守仁创立以"致良知"为核心的心学体系后，就遭到来自各方面的批评，批评者的主要口实就是王守仁之学类似禅学。其实在王守仁生前，就有人说他是禅。王守仁《赠郑德夫归省序》中说，西安郑德夫将学于王守仁，闻当时士大夫议王守仁之学是禅学，就打消了从学的念头，后从王守仁门人那里研究王学，认为不是禅学，方从王守仁游，亲闻其说后，才放下心来，拜王守仁为师。王守仁去世以后，斥其类禅的说法就更多了。《明儒学案》第三十卷中记载了薛侃为王守仁辩护。有人问薛侃：王守仁之学类禅，可信不可信？薛侃回答说：绝不类禅。禅学与儒学不同者有三：剃发出家、割舍爱欲、不讲人伦。这三条，王守仁都不讲。尽管如此，后世学者依旧认为王守仁之学与佛教，尤其是禅学有割舍不清的关系。明末清初著名学者王夫之曾说：王守仁虽然自称其学说是儒学，但实质是佛学，违背了儒学的精神。因此，王守仁的弟子们在讲会中的一个重要话题就是分辨王学与禅学的关系，嘉靖十三年的青原讲会就涉及这个议题。讲会认为，分辨儒学与佛老的异同是儒学教育的中心问题。学子始入学，便拜孔颜，自称圣人之徒，以区分僧入门拜佛、道入门拜老子的做法；入学伊始，便向学子揭示儒家伦理纲常，这与佛老之徒诵读经典的做法有着根本的不同。因此，儒学不但不与佛老相似，而且儒学士人必批评佛老，以明儒学。

第二，揭示知行为二的弊端。王守仁特别提倡"知行合一"。他认为，孔孟之学讲的是明德亲民之学，可是士大夫却无不文过饰非，虽外着衣冠，而内实禽兽，标榜自己所从事的是圣贤之学。对于这种道德虚伪作为，王守仁深恶痛绝。因此他为了针砭当世的道德危机，正人心，息邪说，大力提倡"知行合一"。讲会认为，学者不察孔孟宗旨只是知行合一之教，在知行问题上存在两种错误：一是学父子、君臣、夫妇、朋友等伦理纲常，而不知落实于实践，这是博学之误；二是在辞章注疏上痛下苦功，却不知明善是为学第一要务，这是笃行之误。王守仁的"知行合一"是纠正上述错误的根本办法。

第三，鼓励学者摆脱习俗之累。讲会指出，学者如果有真切作圣之志，就不为贫贱富贵等习俗所摇夺，要在复杂万变的现实世界里仍能贯彻这一至真至纯的精神命脉。假如以俗习杂乎其间，那么在酬酢万变之中，必会有杂而不纯的念头出现，这就如同在田地中种下良种，就会长出良种的禾苗，而在田地里种下稗草的种子，只能长出稗草。

第四，学者要重视周敦颐"主静无欲"的实践方法。作为宋明理学公认的开山祖师，周敦颐提倡"主静无欲"的道德修养方法。周敦颐认为人之所以有好人坏人之分，社会上的事情之所以有好事坏事之别，根本原因在于人有喜、怒、欲、惧、忧五性，五性感动而善恶分，万事出。因此道德修养就要以静修对治感动，以无欲对治有欲。讲会指出，周敦颐之所以能发扬孔孟之精神，创立宋明理学，就在于指出了无欲和主静的修养方法。就无欲而言，良知是纯真的，一旦杂之于有欲，则良知会丧失；就主静而言，程颢说"君子之学，莫若廓然而大公"，其中的"大公"就是指虚静。

嘉靖十三年，聂豹参与的青原讲会涉及的四个问题中，对后来王学发展作用最大的是第一条和第四条，即分辨儒学与佛老区别和提倡"主静无欲"的道德修养方法。如果比较嘉靖十二年和嘉靖十三年的两次讲会的内容，我们会发现后者不同于前者的关键正在于上述两条。

王守仁去世后，其弟子分化为不同的派别，其中最为主要的是浙中王门、泰州学派和江右（江西）王学。较之于王守仁本人，浙中王门、泰州学派向禅学方向发展的趋势更加明显，对王学发展的危害也更加严重。黄宗羲在《明儒学案》中就说：王守仁之学，因泰州学派和王畿而流行于天下，也因泰州学派和王畿而被天下人诟病。泰州学派和王畿常发挥王守仁之学，混淆了王守仁之学与佛学的界限，使得天下人皆以为王守仁之学是佛学。聂豹所在的江右王门是作为浙中王门、泰州学派对立面而出现的，这一学派反对王学禅学化的倾向，大力提倡"一棒一条痕，一掴一掌血"的切实道德实践。"主静"就是这些道德实践的重要组成部分。所以，黄宗羲对这一派的评价很高："姚江（王守仁）之学，惟江右为得其传。"当然，王守仁之学是否是江右得其传，尚有进一步讨论的空间，但此派的影响却是不能小视的。

作为江右王学的代表人物，聂豹特别重视"主静"的实践方法，后来他甚至将自己学术的宗旨定位为"归寂主静"。在嘉靖十三年的青原讲会中，不仅明确提及儒学与佛老的区别，更提倡"主静无欲"的道德修养方法。之所以如此，这应该与聂豹参加这次讲会有一定的关系。事实上，正是在这次讲会结束后不久，聂豹开始反对王畿等人流于禅学的弊端，大力提倡"归寂主静"之说。

嘉靖十五年（1536），聂豹正式开始反思王畿等人流于禅学的弊端，促使聂豹这么做的原因是时任吉安同知的王学学者季本念同门诸友多有崇尚自然而忽视警惕之弊，遂作《龙惕书》，以警醒之。

据徐渭的《季彭山行状》记载：嘉靖十五年，季本任吉安府同知，闲暇之余聚徒讲学于青原山。当时讲学者多以自然为宗。季本认为这一倾向有失师门宗旨，故作《龙惕书》以辩其疑。最初讲学者多不以为然，季本又致书邹守益、聂豹等人再三申明其旨，唯聂豹深信之，久之诸先生者亦多以为是。就批判的对象而言，季本所谓的以"自然为宗"指向以王畿为首的浙中王门和以王艮为首的泰州学派。王畿提倡"见在良知"。"见在"是当时人们的口语，就是与过去和未来相对应的"现在"，"见在良知"也称"现在良知"。概而言之，所谓"见在良知"是指良知是人人本有、人人同具的道德根据，虽愚夫愚妇亦与圣人相同。不仅如此，作为超越道德根据的良知还能在具体的经验世界里当下自然呈现，无论现实生命如何昏蔽，良知总能当下呈现，表现出超越的主宰能力。在具体的道德实践上，王畿等人认为良知本身不待修证而成，当人们自觉心中有良知时，即与最高境界中之良知相同。

事实上，王畿的"见在良知"产生了两个较为严重的后果。首先，"见在良知"会取消具体的道德实践，而流于当下的觉悟。按照"见在良知"的观点，良知虽是世间道德的最终根据，但由于这一根据人人具有，且不需要严格的道德实践，只需要我们当下体悟到心中有此良知，即可以当下成圣成贤。如果是这样，严格的道德实践就没有存在的必要了。其次，"见在良知"与佛教，尤其是禅宗的某些说法相似，有模糊儒释之辨的倾向。"见在"一词原是佛教的专门术语，意指"现今存在之义"，而"现成"一词也是禅宗之语，意指"自然出来，不假造作安排者"，此二者皆是禅宗"作用见性"的说法。泰州学派的王艮等人也有类似于"见在良知"的观点。他们强调良知的自然和乐、当下圆成，这一说法容易导致道德实践上的过度乐观主义，忽略人性中消极负面的因素，以致于荒废具体的道德修养。这种看法在强调良知不由学就可得到上，与王畿的"见在良知"说是一致的。"见在良知"历来被认为是王畿与王艮等泰州学派的共同主张。为对治学宗自然、"见在良知"的弊端，季本作《龙惕书》，阐明"龙惕"之意。"惕"源出于《易经》之乾卦中的"君子终日乾乾，夕惕若厉"。"龙惕"是指龙之为物，以警惕而主变化，因此学者要以龙为镜，惕然有警，实践戒慎恐惧的修养方法，而不坠于物欲。

季本为纠偏提出"龙惕说"（但也确是他自己的体悟），当时引起了一些争论。王畿曾有一封回季本的信专门说明自己对"龙惕说"的意见。王畿认为，所谓"恐惧"并不是季本的"警惕"或"戒慎恐惧"，而是私情私欲遮蔽本心。本心被遮蔽，则现实之人心便不得其正。王畿认为，道德修养是不使其因恐惧等私情私欲遮蔽本心。当时邹守益等吉安学者多站在王畿的立场上，使得季本在这场辩论中显得势单力薄。

在这场争论中，聂豹支持季本的观点，专门撰文《心龙说》以发明其义，反对王畿等人放弃道德实践的观点。季本自述：当时之人皆不信龙惕说，唯独聂豹深信不疑，撰写《心龙说》，发展我的观点。《心龙说》现已不存，但在聂豹的另一篇文章《送彭山季子擢长沙序》中可见大意。嘉靖十七年（1538），季本升任长沙知府，聂豹撰写此序以送别。在该序中，聂豹说：学者做不到"惕"，则滞于物欲不能自拔；滞于物欲不能自拔，则会流于偏见。学者只有实行"龙惕"之说，才是真正的为学之道，并盛赞道："龙惕"之说是达到这一境界的途径。

在家丁忧的十年中，聂豹开始构建独立的思想体系，而这一过程的开始是青原讲会及其随后附和季本《龙惕书》的《心龙说》。大体而言，这一时期在聂豹一生中所占的地位在于：

第一，青原讲会是聂豹参与明朝王学讲会的开始，同时这次讲会也标志着聂豹由朝廷官员到王学学者的转型。尽管聂豹没有参加嘉靖十二年的第一次青原讲会，但讲会的主题之一是聂豹的有关说法。由此可见，此时的聂豹已不仅仅是一位在家丁忧的官员，而是一位吉安王学士子们公认的王学学者，从而实现了朝廷官员向王学学者的身份转型。

第二，聂豹站在季本一方，支持他批评王畿等人的"见在良知"，标志着聂豹开始独立思考王学中的重大问题，构建独立的思想体系之路。从现有文献看，此时的聂豹并未质疑王畿之说。但是时隔四年以后聂豹参加的青原讲会中，分辨儒学与佛老区别和提倡"主静无欲"的道德修养方法就成为重要的话题。事实上，尽管当时并未明确说明这两个话题的针对对象，但其暗含的矛头无疑指向王畿等人。两年以后，当季本的《龙惕说》明确将批判的矛头指向王畿等人时，聂豹不顾时人多支持王畿的现实，公开表明立场，支持季本。由此可见，此时的聂豹已不再是人云亦云之辈，而开始独立思考王学的根本问题，走上了构建独立的思想体系之路。

病居翠微与因静入悟

嘉靖十六年（1537）夏，聂豹因病移居翠微山中数月。据聂豹说，其体质自幼孱弱，旧患痰火、咯血等症，平日药饵未尝废离。出仕之后，辗转各地，身体状况一直不佳。嘉靖七年正月聂豹任福建巡抚以后，巡视福建各地时受山间瘴气侵害，咯血之症复发，后患痢疾，以至气息奄奄，终成痼疾。因此，聂豹巡抚福建仅一年有余，先后上《乞恩致仕以全病躯疏》和《恳乞天恩容令休致以全病躯疏》，恳请致仕养病。嘉靖八年，聂豹升任宁波知府，由于身体未恢复，上《病发不能供职乞恩休致疏》，恳请按惯例休致。同年，聂豹由宁波知府改任苏州知府，再上两疏请求回家养病，不允，于次年赴任苏州。嘉靖十六年夏，聂豹再次病倒，为养病移居翠微山。翠微山又名翠微峰，坐落于宁都县城西北方向。该地不仅峰奇石怪，风光秀丽，景色宜人，是文人诗家隐居治学的偏僻所在，而且山中的金精洞被道教列为天下七十二处福地中的第三十五福地，名声显赫。相传，汉初张丽英在山洞中修炼成仙。

聂豹病居道教名山翠微山，加之当时身体羸弱，因此题写了大量渴望长生成仙的诗歌，体现了他生活中不为人注意的另一面。《翠微洞赠诸子枉顾六首》中有："何事从刘阮，来寻玉洞遥。尘心多幻妄，仙迹只渔樵。我舞苍龙剑，君吹紫凤箫。不妨传妙道，饱饭睡兼饶。"这里的刘阮即东汉时的刘晨、阮肇二人的合称，二人入天台山采药，遇二女子，留居半年辞归，及还乡，子孙已历七世。后又离乡，不知所终。在这首诗中，聂豹渴望刘、阮二人来此仙洞，传授妙道。又："北上逢黄石，江东味紫莼。卿家原有种，吾道亦能尊。入洞窥丹鳌，披云向酒樽。远心如有悟，尘世即龙门。"这里的黄石即道教仙人黄石公。聂豹想象遇见了黄石公，与其饮酒谈道。又："汝是吾宗彦，超然类碧峰。不辞风雨路，远访翠微中。洞古云泉寂，山深松佳浓。不须厘外慕，虚静是仙风。"这首诗盛赞虚静，将此视为仙风。

《次山中韵》中有："神仙端合洞中居，笑杀相如赋子虚。"这首诗将自己比作神仙。在聂豹此时的诗文中，类似这些表达道教信仰、渴望长生成仙的诗句很多。我们知道，在儒释道三家中，儒家重"敬"，佛教重"净"，道教重"静"。聂豹此时在道教名山翠微山中静修养病，外在的因缘和内在的体验使其对道教静修之法情有独钟，此后他大力提倡"归寂"说，与其在翠微山中的静修有着一定的关系。

事实上，在宋明理学的历史上，因道教的因缘而提倡静修的学者大有人在，周敦颐就是其中的代表。周敦颐因《太极图说》一文而奠定了其在宋明理学中的地位。穆修《无极图》授周子。周子有得《先天地之偈》于寿涯。可以说，周敦颐的《太极图说》与五代宋初的道教，尤其是陈抟有着密切的关系，而陈抟道教修炼最主要的特色就是静修，因此周敦颐在《太极图说》中说"圣人定之以中正仁义而主静"，圣人的修养方法是主静。因此有学者指出："周子之学，始终浸淫于道家之说。其言虽力援儒书，而终不能脱道家之域以独立也。"由此可见，道教静修之法对宋明理学的影响是极其深远的。当然，在现有文献中，我们难以找到聂豹与道士交往的事实，但是他在翠微山养病期间所作的诗句表明，聂豹在提倡"归寂"之学前，一度醉心于道教神仙之术，据此可知，道教静修之法应对聂豹有一定的影响。

在现有文献中，聂豹病居翠微山中曾撰写了两篇文章——

《括言》《山中问答》，此外还钻研《大学》一文，学有所悟。聂豹此时悟学的内容主要有三方面：

首先，《括言》记述了病居翠微山的经历以及"不睹不闻"对道德修养的作用。在上文介绍聂豹早年求学经历时，笔者曾指出，刘霖在永丰县推广陈献章，是聂豹的老师，亦是其忘年之交。聂豹病居翠微山时撰写的《括言》记述了刘霖来访的过程。一日，刘霖来访，问聂豹：今日学问有什么长进？聂豹阐述了对"不睹不闻"和"戒慎恐惧"的理解。"不睹不闻"和"戒慎恐惧"出自《中庸》的"戒慎乎其所不睹，恐惧乎其所不闻"，原意是指在人看不到的地方也常警惕谨慎，在人听不到的地方也常唯恐有失，大体与慎独同义。然而，聂豹对"不睹不闻"的解释不同于《中庸》的"别人看不到之处"，而是指人在静修中，没有感官活动，不与外界接触的状态。他还认为"不睹不闻"是道德修养的基本原则，"戒慎恐惧"是道德修养的基本方法。刘霖对此持有疑义，认为如果这样理解"不睹不闻"，那么孟子所说的扩充恻隐之心、羞恶之心、辞让之心、是非之心"四端"，何以可能？聂豹的解释是，所谓扩充，是将人心喜怒哀乐未发之前的寂静状态扩充到日常生活中，使人心时时保持寂静的状态。如果说在喜怒哀乐已发之后再扩充，那么无论如何努力，只会是"离道远矣"。刘霖进一步追问：这种"不睹不闻"与道教的静修有何不同？聂豹说：如果仅仅强调"不睹不闻"，当然难以与道教划清界限，但我讲"不睹不闻"的同时，还强调"戒慎恐惧"，即"不睹不闻"是道德修养的基本原则，"戒慎恐惧"是道德修养的基本方法。

这样就将儒道区分开来了。可以说，《括言》是聂豹思想承上启下的转折点。聂豹病居翠微山时，尚未提出"归寂"之说，但在《括言》中可以发现，他已经十分重视"静修"，甚至认为静修是道德修养的基本原则，这就为他随后正式提出"归寂"说作好了铺垫。

其次，较之于《括言》，《山中问答》更进一步用《老子》中的相关说法作为静修的依据。在《山中问答》中，聂豹认为，当世之人之所以在良知问题上争论不休，是因为不知道良知的根本属性。事实上，良知就是《老子》中的"玄牝之门"。《老子》第六章中有："玄牝之门，是谓天地根。"后世学者对"玄牝之门"的理解不一，但有一点是肯定的，即道家和道教一贯强调的"静修"可以在其中找到理论依据。聂豹还进一步将"玄牝之门"和"不睹不闻"联系起来，认为《中庸》的"戒慎乎其所不睹，恐惧乎其所不闻"是承接"玄牝之门"而来的，二者讲的都是静修之道。

再次，聂豹在翠微山中还钻研《大学》古本，《大学古本臆说序》中记载了此时他对《大学》的理解。朱熹认为《礼记》中的《大学篇》文字有缺失，尤其是"格物致知"章没有详细的解释，因此朱熹增补了"格物致知"章。朱熹的这一做法对后世的影响很大。王守仁反对朱熹对《大学》的增补，极力提倡古本《大学》，以区别于朱熹的增补《大学》。王守仁的这一做法，对心学与朱熹权威分庭抗礼，有着重大的意义。聂豹任福建巡抚时，曾在福建刻印《大学古本》，推广王守仁之学。然而，当时聂豹只是在实践层面上推广王学，病居翠微山时，他开始发展王守仁的《大学古本》思想，并使之为自己的静修理论服务。在《大学古本臆说序》中聂豹指出，王守仁对《大学古本》的解释核心在于"致知"，而其中的诚意、格物只是虚说，而无独立的意义，尤其王守仁所说：致知在于心悟的说法，更受聂豹重视，聂豹的静修说就是建立在"心悟"基础之上的。

病居翠微山是聂豹生命中的一个短暂的经历，但正是这个短暂的经历成了聂豹学术思想的转折期。这是因为：

第一，病居翠微山期间，聂豹开始实践道教静修之法，为后来提出"归寂"说提供了实践基础。在中国传统儒释道三教中，道教以"静"著称。聂豹病居的翠微山是道教名山，聂豹在此养病不免受当时的环境影响，从事道教静修养生之法，聂豹此时所作向往长生成仙的诗句是最好的证据。亲身的实践最终会落实在理论创造中，聂豹此后提倡"静修"的道德修养方法就不足为奇了。

第二，在翠微山中，聂豹利用养病之机，开始思考静修之法的理论基础。这段时间，聂豹撰写了两篇重要的文章——《括言》《山中问答》，并刻苦研读《大学》。《括言》重在发挥《中庸》的"不睹不闻"之意，从儒家经典中找到静修的理论依据；《山中问答》则是将"不睹不闻"与道家道教经典《老子》联系起来，用道家之"静"强化静修的价值；研读《大学》则重在从王守仁思想内部寻找静修的根据。可以说，这些活动分别从儒家传统经典、道家、王守仁那里寻找思想资源，论证静修问题。此时的聂豹已经为随后提出

"归寂"说作好了充分的准备。

庐陵讲学与思想初成

嘉靖十七年（1538）春，季本于庐陵县立怀德祠，联合聂豹、邹守益等人祭祀王守仁。事实上，祭祀王守仁是明朝中晚期王学争取政治上的合法地位，扩大社会影响的重要活动。由于受到权臣打压，王守仁在创立以良知为核心的心学体系之初便遭到官方的压制。嘉靖元年（1522），御史程启允等人秉承宰辅杨廷和的旨意，上疏攻击王守仁之学为异学，并要求追夺王守仁新建伯的封爵，得到嘉靖帝的首肯。王守仁去世后次年（嘉靖八年）二月，吏部尚书桂萼召集廷臣议论王守仁的功罪问题，结论是：王守仁的学术诚不足取，宜加严禁，世爵恤典等亦宜免夺。给事中周延、黄绾等人上疏申辩，但无果而终。嘉靖帝同意了桂萼的结论，曰：王守仁肆意胡说，诋毁先儒，且号召门徒附和自己的学说，同意剥夺恤典。嘉靖十六年、十七年，朝廷又两次禁毁包括王学学者讲学的书院。由此可见，王守仁去世以后，针对他的政治风气是非常险恶的。

尽管王守仁去世后，其学术一度被禁止，但王守仁的弟子们依然努力地争取王学政治上的合法地位，祭祀王守仁是其中最为重要的活动。大体而言，祭祀王守仁经历了王学弟子私下的祭祀和官方从祀孔庙两个阶段。前一阶段的推动者和参与者主要是王守仁的弟子们，他们通过祭祀王守仁实现了增强王学团体凝聚力、扩大王学影响力的目的，为最终的王守仁从祀孔庙奠定了基础。嘉靖八年（1529）由桂萼主持的廷议结果及随后嘉靖帝的批复对王学势力确实是一个严重的打击，但并不意味着该学说就此被打入"冷宫"。从嘉靖九年开始，王守仁弟子们主导的祭祀活动在各地发展起来。

据《王守仁年谱附录》记载，嘉靖年间，王守仁的弟子们在浙江、江苏、江西、安徽、福建、贵州、湖北等地举行祭祀王守仁的活动达几十次之多，其中影响较大的有：嘉靖九年五月，薛侃建精舍于杭州天真山，祀王守仁，同门董沄、邹守益、方献夫、欧阳德等数百人参与，祭毕，讲会终月；嘉靖十三年正月，邹守益建复古书院于吉安府安福县，祀先生，吉安学者大多参与；嘉靖十七年，巡按浙江监察御史傅凤翔建阳明祠于王守仁家乡余姚县龙山，浙江门人大多参与；嘉靖三十年，巡按贵州监察御史赵锦建阳明祠于龙场，祀王守仁；嘉靖四十二年，提学御史耿定向、知府罗汝芳建志学书院于宣城，祀王守仁，安徽学者大多参与。这些祭祀的主办者，既有在乡的王学学者，也有总督、巡抚、知府、知县等各级官吏。各地蓬勃兴起的祭祀王守仁之举，为王守仁最终被朝廷承认、从祀孔庙大举造势。

隆庆元年（1567），王学门人徐阶任首辅，御史耿定向等人请以王守仁从祀孔庙。给事中赵轨、御史周宏祖等只同意薛瑄入祀，后经廷议，亦只有薛瑄入祀，但徐阶等人为王守仁争回了嘉靖八年被剥夺的恤典。明神宗即位后，都御史徐轼、给事中赵参鲁等人，各疏言王守仁宜于从祀孔庙。然而关于王守仁学术思想的争论仍较多，加之时任首辅张居正不喜讲学，对王学流裔尤为憎恨，于是万历初年王守仁从祀之事遂告失败。万历十一年（1583）十一月，御史詹事讲上言，再次提起王守仁从祀孔庙的问题，称颂薛瑄、王守仁、陈献章三人为肩挑儒家道统的优秀人物，三人皆宜入庙从祀。詹尤其称赞王守仁，辨其学术，认为王学"与宋代理学大师的观点一致"。此时张居正已死，为王学鸣不平者比比皆是，明神宗批准从祀之疏。

总之，嘉靖年间弟子祭祀王守仁和隆庆、万历年间王守仁从祀孔庙的争论使王学最终摆脱了政治的束缚，成为官方承认的学术思想。嘉靖十七年，聂豹等人在庐陵县祭祀王守仁，正是王学遭禁之时，聂豹等工学弟子联合地方缙绅势力祭祀王守仁，不仅在地方推广了王守仁思想，而且为后来从祀孔庙之议培育了社会舆论基础。

同年，庐陵县祀事毕，聂豹、邹守益等人讲学于庐陵。明朝以来，庐陵县儒学教育发达。据统计，明成化朝以前，庐陵县所在的吉安府进士的总数占江西省进士总数的42.9%，占全国进士总数的7.23%，优势异常突出。而在吉安府的九个县当中进士分布并不均衡。据统计，明朝吉安府进士总数是570人，其中庐陵有103人。庐陵县儒学教育发达与聂豹等人的讲学有着密切的关系。除聂豹、季本、邹守益之外，参与嘉靖十七年教学活动的人员还有伍南溪、郭松崖、甘莲坪、王雨崖、曾华山等人。

聂豹思想的核心可以用"归寂主静"概括，这一思想经历了较长实践和思考的孕育过程，但最终提出是在嘉靖十七年庐陵讲学及随后的一年中。据聂豹的《括言》记载，庐陵讲学时，聂豹与季本、邹守益等人围绕"戒慎恐惧""致知格物"等问题进行了讨论。在讨论中，聂豹虽然未明确提到"归寂"两字，但他在翠微山静悟的基础上，着重强调了喜怒哀乐未发之静在道德修养中的基础性作用，这与随后提出的"归寂"主张如出一辙。可见，此时聂豹的"归寂"思想已经基本形成。嘉靖十七年十月，聂豹在《送李子归宁都序》中开始使用"归根"一词，并称之为"致知宗旨"，实际上与"归寂"主张已基本一致。嘉靖十八年（1539）秋，聂豹在《送王槚庵献绩之京序》中，明确地阐述了"虚寂"之说。可以说，自嘉靖五年问学于王守仁之后，经历了十多年的学习、体悟和思考，聂豹最终建构了独立的思想体系，不仅极大地发展了王守仁之学，而且这一思想体系逐渐演化为王门后学的一个重要思想流派。

大体而言，聂豹为反对王畿等人"见在良知"，否定严格道德实践的学术流弊，在《中庸》的未发与已发、《易传》的寂与感、《大学》的致知与格物等概念的基础上，构建了以动静为两端，重道德实践的归寂说理论体系。就理论内涵而言，聂豹的归寂说包括三层含义：

首先，良知是"未发之中"。"未发之中"出于《中庸》首章："喜怒哀乐之未发，谓之中；发而中节，谓之和。中也者，天下之大本也；和也者，天下之达道也。"秦汉以后，儒家学者对此的解释不一，以朱熹的注释影响最大。朱熹将人未产生喜怒哀乐之情时的状态称为"未发"；喜怒哀乐之情产生后的状态称为"已发"。他还认为喜怒哀乐未发之时，心情平静，此时稍微施加道德修养的功夫，就会使随后产生的各种情感与活动没有悖谬，合乎道德规范，这也就是"和"。因此，天下一切之伦理规范皆源出于未发之中，故谓之大本；人们在未发之中做道德修养的功夫，就能做到为善去恶，这是古今天下的共同活动，故谓之达道。王守仁的《传习录》多次谈及"未发之中"，但与《中庸》"未发之中"的意涵有所不同。在王守仁那里，"未发之中"强调的不是道德根据的超越性，而是主体的自主性，因此，《传习录》立足于主体的实践层面，强调在道德实践活动中当下表现出来的人心，便是未发之本体。事实上，王守仁的"未发之中"内在地包含于他的"致良知"论中，道德修养只需讲"致良知"即可，而"未发之中"的相关讨论，并非王守仁关注的核心要旨。

在聂豹这里，"未发之中"是用以解释良知的概念，二者同等重要。良知本身是未发之中，寂然不动之本体，此良知之体是每个人生来即有的超越道德根据，是人性中天生之禀赋；良知之用，则是已发之和，它因感官而产生喜怒哀乐的情感。作为良知之体的未发与作为良知之用的已发是密切联系的，本体确立之后，自然能有物来顺应。然而，虽然良知之体用一源，人们在进行修养时，却不能视已发为未发，以为喜怒哀乐的情感即是良知本身，而忽略作为主宰的未发之中，才是真正的良知本体。事实上，聂豹之所以要着重阐述"未发之中"，其目的在于指出人的现实情感是善恶相混的。对于一个生活在现实中的人而言，如果他的感官追逐物欲，则情感不得其正，行为就会不道德，反之知觉之动，情感之发，若有主宰之，则行为就是合乎道德的。因此，就"未发之中"而言，它是一切道德行为的最高根据，是至善无恶的，但就现实之人的知觉和情感而言，则有"良"与"不良"两个层面，合乎"未发之中"的知觉和情感，是"知之良"，是良知之用，不合乎"未发之中"的知觉和情感则不然，是妄发、妄动。需要说明的是，就理论的相似性而言，聂豹以"未发之中"解释良知，意欲凸显良知作为道德根据的超越性，较近于朱熹的说法，而离王守仁的观点有一定距离。

其次，良知本然状态乃是"寂而常定"。聂豹在良知为根据、知觉为作用的二分对立理论框架下，指出良知本然状态乃是"寂而常定"。他认为，良知与外物接触，受外物的作用，方有知觉的产生，然而，知觉虽然是良知发出的，却并不与良知相同，不能直接将知觉当作良知本身看待，而忽视良知是知觉的发源根据。同样的，心接应于外事之后，才产生相应的感情，然而，感情虽由心所发出，如同心的显影一般，却与心非为一物，不能直接将感情视作心之本身。为凸显良知相对于知觉、情感的超越性，聂豹以"良知本寂"来诠释良知的属性。在此基础上，聂豹指出，既然"良知本寂"，所以人们在从事道德修养时，应回到生命内部来做功夫，使良知恢复至寂然常定之状态，这样自然能使一切知觉感情都完备无缺，一切行动都有法有度，天下所有之事都合乎伦理道德。达到这种状态，就如同悬镜于此，而物来自有其照；亦如同挂钟于柱，叩击自有声响，这就是聂豹所说的良知本然状态乃是"寂而常定"。由此可知，聂豹的"寂"乃是就良知本体而言，意在凸显本体之"寂"，而并非静止不动，如心平气和、气定神闲之类。

聂豹强调良知"寂而常定"的原因在于，他看到现实世界中充满了感应往来，瞬息万变，人的思虑无法穷胜感应，故不能在感应上从事道德修养，亦不能以思虑作为道德修养方法。若人们要从事修养，则只能回归根本，回到本体处，感应之体立后，自然能产生顺遂发用，现实世界中的一切往来，皆在感应之体的作用下，自然相感相应，不掺人私。

再次，静坐体悟和持敬存养是归寂说倡导的主要修养方法。目前学界普遍以"归寂"概括的聂豹的学问为宗旨，简单地说，"寂"指良知（未发之中）是虚灵寂体，而"归"则点明一条达致虚灵寂体的功夫路向，即静坐体悟和持敬存养。聂豹归寂说的修养方法，是以静坐体悟为开端，以持敬为实功，得以存养良知本体（未发之中）；当上述两种方法娴熟之后，自然能使良知本体呈现发用出来，成就圣贤人格。聂豹认为，主静是道德修养的主要方法。聂豹所谓的"主静"，乃是观喜怒哀乐未发前气象，以见天地之心。但是这一方法容易使人厌弃事物，不闻世事，所以只对天资聪慧之人适用，而非一般初学者可为。因此，聂豹认为道德修养需要一定的次序。依照聂豹的实践和体会，主静的道德修养始于静坐。就静坐的形式而言，在于使人的生理机能变化趋于平静、自然、和谐，此即是"气定"。在宋明理学中，最早提倡静坐的是周敦颐。自周敦颐主张静坐以来，这一观点作为一种道德修养方法，为程朱所继承。朱熹曾大力提倡"半日读书，半日静坐"。然而，静坐与佛教的禅定和道教的静修有着密切的关系，所以容易误以为流于佛老，因此有许多学者反对静坐。聂豹认为静坐虽然与儒家传统主张有所不同，但不妨作为修养方法，因为"至静"是宇宙万物得以产生的根源，推到现实的道德领域，一切善端可由静坐中培养。总之，聂豹将静坐看成是贯穿整个宇宙及其人伦世界的普遍真理。

除不睹不闻的静坐之外，聂豹还主张戒慎恐惧的存养方法。所谓存，指收敛而无放失；所谓养，指下落种子并培灌之。通过静坐，人们可以体悟良知本体，但还应进一步使良知本体呈显并存养之，本体确立之后，心中便会生起自然之节度。因此，聂豹还主张以"敬"来保持维护良知本体，通过敬、恕、恭、忠等德行条目，可作为视、听、言、动等人生一切行事的规范准则，有此节度、准则，良知本体就不会消失，自能应对天下一切事物。

总之，聂豹在庐陵讲学之际形成的归寂说包括上述三方面的内容。大体来说，在上述内容中，"未发之中"和"寂而常定"是对良知的界定，属于理论层面的内容；静坐体悟和持敬存养是具体的道德修养的方法，属于实践层面的内容。当然，思想形成之初不可能十分完善。聂豹此时提出的归寂说，其中尚有一些需要进一步发展的内容，在此后的很长时间里，聂豹不断完善着归寂说。

嘉靖十三年（1534）至嘉靖十七年，聂豹在家丁忧期间，不只参与了青原讲会、庐陵讲学等王学推广活动，还逐渐形成了独立的思想体系——归寂说。可以说，这四年在聂豹的一生中占有重要的地位。

第一，聂豹积极参与王学讲会、祭祀王守仁等活动，努力推广王守仁之学，扩大其影响。著名学者余英时指出，朱熹理学和王守仁心学有着不同的推广方式，前者重在"得君行道"（依靠君王推行学术），认为君王的认可是理学推广的主要方式，后者重在"觉民行道"（依靠百姓的觉醒推行学术），将学术推广之路定位于老百姓的接受。王学讲会、祭祀王守仁等活动就是"觉民行道"的具体方法。通过这些活动，王学士子将这些理论色彩浓厚的王守仁之学推广到老百姓之中。聂豹是"觉民行道"的积极推动者。聂豹在家丁忧期间，参与了青原讲会、庐陵祭祀和讲学，不仅为王学的推广作出了重要的贡献，而且扩大了王学的影响，为后米王学最终被朝廷认可奠定了良好的社会舆论基础。

第二，嘉靖十七年归寂说的形成是聂豹思想成熟的标志。王守仁身后，其弟子们分化为不同的派别，主静派是其中的一个重要的派别，而主静派的代表就是聂豹。聂豹在领悟王守仁之学的基础上，结合自身的静修体悟，以未发之中诠释良知的内涵，以静修作为致良知的主要方法，使得王守仁之学发展出以主静为特色的思想体系，在明朝中后期产生了很大的影响。

第 3 章

再仕与虚寂

平阳御敌与九邑大会

嘉靖二十年（1541），居家丁忧十年的聂豹起复为官，任屡受蒙古军队侵犯的山西平阳府（今山西临汾）知府。嘉靖十年，因父亲去世，聂豹自苏州知府任上丁忧守孝；嘉靖十三年，母丧，继续丁忧。至嘉靖二十年，聂豹已居家十年。按制当起复为官。嘉靖十九年，给事中游震得上疏荐聂豹复职，未果。嘉靖二十年三月，再次上疏荐聂豹起复，任浙江嘉兴府知府。此时，北方蒙古人连年侵犯山西，明朝廷亟须加强山西防务，聂豹未按照御史奏请任嘉兴知府，而改任为山西平阳府知府。

嘉靖年间，由于明朝廷未恰当处理与北方蒙古人的关系，导致蒙古人连年南犯，不仅给山西等北方各省带来了巨大的灾难，而且使明朝廷背上了沉重的军事和财政负担。在明朝历史上，明朝廷和北方蒙古人的关系是关乎明王朝治乱安危的大问题，而最高统治集团对蒙古族采取一种什么样的政策和态度，则对明蒙关系有着直接的影响。为处理好与蒙古的关系，明朝从成祖永乐以来采取允许周边各少数民族首领定期朝贡、明廷给以丰厚的赏赐并可进行一定程度的互市贸易的政策，由此形成了明朝的朝贡体制。

这一朝贡体制具有两种社会功能：第一，边疆少数民族对中央王朝的政治臣服、接受封号，构成当时历史条件下中央与地方关系体制的特殊形态，即朝贡体制下的羁縻统治，这是边疆少数民族高度自治情势下对中央王朝的认同。第二，边疆少数民族向中央王朝的进贡和中央王朝给予他们的赏赐、回赐物品以及边境交易，形成农业民族与游牧民族之间的双边经济交流，即朝贡体制下的朝贡贸易。朝贡贸易的正常进行沟通了草原与内地的经济联系，弥补了游牧经济的不足和缺陷。

但是在明孝宗弘治年间，明政府与蒙古达延汗关系紧张，在成祖永乐年间建立的贡市制度全面废除，史称"绝贡"。绝贡给北方的蒙古各部带来了明显的负面影响。自古以来，北方草原畜牧经济便与中原农业经济有着天然的互补的联系。单一的、粗放的游牧经济本身有其与生俱来的不足，它必须与农业民族进行交换，即北方的游牧民族需要以中原地区为市场，销售其畜牧业产品及狩猎所得的兽皮等，从中原换回其生产和生活所必需的各种农产品、手工业产品及其他生活用品。可以说明蒙之间的战争主要是经济原因所致，只要明蒙之间能保持最低限度的经济贸易关系，就可以避免蒙古大规模的入侵和抢掠。然而，明朝廷实行的绝贡政策，使得蒙古各部人民生活贫困，日用品缺乏，广大蒙古牧民铁器、纺织品等物资极度缺乏。

嘉靖十三年（1534），蒙古俺答向明朝廷提出"求贡"，希望恢复朝贡体制，但明世宗顽固地拒绝和蒙古通贡互市。为解决生活和生产的实际需要，同时逼迫明朝廷恢复朝贡体制，俺答屡屡派兵南下劫掠北方各省。俺答"求贡"被拒之初，蒙古人便从延绥、定边、乾沟等地，谋欲犯宁夏固原，明将刘文击破之。嘉靖二十年，俺答又派遣蒙古使臣肯切与汉人石天爵至大同，请求通贡市，并说如许通市，即令边民垦田塞中，牧马塞外，永不相犯。否则，将南下掠夺。大同巡抚史道上奏，兵部议复，拟准入贡通市。世宗以为求贡不可信，群臣从而附和。世宗下诏悬赏擒斩俺答，并将使者肯切扣留。

世宗将眼前出现的和平契机轻易放过，拒绝了俺答通贡的请求，使俺答恼羞成怒，遂大举内犯。同年七月，俺答、阿不孩、吉囊分道入侵。俺答下石岭关，趋太原；吉囊由平虏卫入掠平定、寿阳诸处。明朝总兵丁璋、游击周宇战死，诸将多获罪。嘉靖二十一年五月，俺答再遣石天爵等至大同请求入贡，说明蒙古迫切需要纱缎，贡市对双方有利，如果一再请求不准，将要纵兵南下。大同巡抚龙士有将石天爵逮送朝廷，世宗竟将石天爵与肯切一起处死。双方矛盾更加激化，俺答南下不可避免。六月，俺答军自大同入明境掳掠，明军全无戒备，无力抵御。俺答自大同直驱太原，南至平阳，东趋潞州，然后北上出雁门返回。前后历时月余，沿途掳掠人畜资产，山西居民多遭劫掠。

嘉靖二十年以后，蒙古人南侵更加频繁，几乎年年有之。可以说，明世宗对蒙古绝贡的政策是违背历史大势，是非常不明智的错误政策，它不仅使蒙古人民缺乏基本的生活资料，而且使明朝整个北边防线战争不断，终于酿成京城被围的"庚戌之变"。

聂豹此时担任平阳知府，称得上"受任于败军之际，奉命于危难之间"。此时的山西正是俺答"求贡"被拒，恼羞成怒，大举侵掠之后，各府县所受战争的创伤亟须安抚，加之为应对蒙古军队再次侵扰，山西各地防卫亟须加强。嘉靖二十年九月，起复平阳知府的命令下达。此时聂豹之兄聂洪亡，因家中无人料理丧事，聂豹本不欲赴任，但边事紧急，恰巧此时聂洪之子聂静因在朝廷言事而被罢职归乡，正好料理父丧，于是聂豹便赶往平阳，于十一月到任。

平阳府地处山西南部，辖区有县城三十五座，自古就是北方富庶之地，一年有税额九十余万两，但聂豹核查平阳府库后发现历年来积累欠银达一百余万两，积累的各种诉讼案件也很多。平阳刚刚经历战火蹂躏，百姓逃亡四方，民户缺失甚多。北方蒙古的威胁日益严峻，聂豹认为平阳府是富庶之地，蒙古军若侵扰山西，必犯平阳。针对平阳面临的各种问题，聂豹采取了文武两方面的应对措施：

第一，鼓励平阳各类人才积极应对时局之艰。聂豹认为，地方安定的首要关键是人才，其次是珠玉金帛、麻缕菽粟等。

《论语·泰伯》中记载，孔子说：舜有五位能干的大臣，因而天下得到很好的治理。周武王有十个同心同德反对纣王的谋士和将领，所以能战胜纣王而一统天下。因此古人说人才难得，难道不是这样吗？尧舜以后到周武王时期（人才）才称得上兴盛。聂豹认为，孔子称赞唐虞之际的原因在于此时的人才最为兴盛。当时有仁之至的圣人，有大而未化的贤人，有为孝、为忠、为廉、为贞、为智、为义、为勇的君子，有为权谋、为术数、为文艺的人才。可以说，当时各种各样的人才都十分齐备。然而当今之世不注重选拔当地人才以解决平阳面临的各种难题，却推诿于山川地理之害。事实上，各地乡野之中有许多人才，地方官肩负着发现提拔当地人才的重任。为鼓励平阳地方人才积极解决当地问题，聂豹令诸生采唐虞至宋元年间平阳籍的人品之著者一百八十六人，作《平阳府人物题名记》，以为流传记诵。这一举措，受到了平阳各级官吏的赞同，同知许公、僚友高君、龚君等积极参与，一致认为作《平阳府人物题名记》是官员的职责。

第二，筹措军饷，编练地方军队，以应对蒙古军再次袭扰。聂豹到任平阳后，针对平阳府随时可能再次面临蒙古军队的侵扰，募集军饷，编练民兵，在各处关隘修建工事，设置防卫力量。为筹集练兵备战饷银，聂豹致书平阳富户，劝其为保境安民捐款捐物，于是临汾等三十七县人民在当地富户郝尚能的带领下，共捐银二万二千余两。聂豹还令在押罪犯中可疑之人以银抵罪。蒲州仪宾人苏仁的继室不守妇道，诬陷丈夫有奸情，并散播苏仁企图贿赂官员以脱罪，苏仁被逮入狱。苏仁再三上诉，愿纳银补充军饷以赎罪。聂豹得知此事后，征求上级意见，同意苏仁以银五千两取保获释。通过多种渠道，聂豹共筹得银二万余两，修郭家沟、冷泉关（今山西灵石县古川口）、灵石关等关隘，募集义勇张鸾等五千二百人，河南矿工八百人，皆配足供给、衣甲、兵器，使其安心保境安民。嘉靖二十一年（1542）六月，蒙古军队数万人果然再次侵扰山西，经雁门关南下，长驱直入抵达平阳府冷泉关。由于冷泉关坚不可犯，蒙古军队轻骑由小道袭取郭家沟。郭家沟亦如冷泉关坚不可犯，守将李芳开关迎敌，俘获二人，敌军遂退兵于介休境内。聂豹又使人假冒三边总督信使，带"大兵不日援助山西"的书信过蒙古军营，见蒙古军后，假装逃命，将书信丢弃。蒙古军获知书信后，误以为援军不日将至，加之平阳府守备甚严，故弃营遁去，向东袭扰潞州府，转而劫掠太原等地，数月后北返蒙古。在这次席卷整个山西的蒙古军南犯中，聂豹任职以来所作的各项工作在防御蒙古军的袭扰、保护平阳府百姓的生命财产中发挥了重要的作用。

第三，战事过后，聂豹竭力赈济灾民，安抚民心。蒙古退军后，平阳各地饥民无所食，聂豹设粥棚于近城寺庙中，饥民就食者日以数千计。聂豹又以工代赈，修建城壕，筑外城，饥民以劳役获生者又数千人。工程挖土之时，获得石枕、鞭、铜镜各一，其中有题款："道高龙伏虎，德重鬼神钦。"时人认为此题款正合聂豹在平阳之政绩，平阳同知许樾特撰文给予记载。

嘉靖二十一年冬，聂豹自平阳归。在任平阳知府及随后归家期间，聂豹并没有因为政务繁忙而放弃发展和推广王学。事实上，聂豹不仅在任职平阳期间撰写了重要的理论著作《大学古本臆说》，而且积极在平阳讲学授徒，推广王学。就推广王学而言，聂豹任平阳知府期间，日亲戎事，夜与当地举人陈嘉言、陈嘉谟、阮师瞻、侯效古、刘光启、秦健以及各州县儒生崔汝效等数十人讲读不辍，积极在当地推广王学。同时，聂豹还与各地学子书信往来，解答他们的疑惑，《答丰山孙宪长》一文就是其中的代表。就理论创造而言，聂豹撰写了标志其思想成熟的《大学古本臆说》。上章论及聂豹在病居翠微山时，已经开始思考"致知格物"问题，他当时认为王守仁对《大学古本》的解释核心在于"致知"，而其中的诚意、格物只是虚说，而无独立的意义。

在《大学古本臆说》中，聂豹明确提出了自己对"致知格物"的理解。由于《大学古本臆说》今已不存，我们无法看到他对这一问题的具体阐释，但在聂豹的文集中可以得知其中的大概。事实上，聂豹此时对"致知格物"的理解已经与王守仁有着明显的不同。众所周知，王守仁早年研习朱熹的"格物致知"时，曾坐对竹子去体验朱熹的格物说，最终劳而无功，从而对朱熹的格物说产生了根本的怀疑，最终悟出致知与格物无法分开，二者本为一事。与王守仁不同，聂豹认为在致知与格物之间，致知是重点，是《大学》一书的核心，而格物居于次要地位。聂豹认为，《大学》中的"知止"乃是"明明德"和"亲民"的关键所在，"知止"就是"致知"。因此，与其说聂豹是从王守仁"致知"出发，将"致知"与"知止"两个概念串联在一起，毋宁说是以《大学》"知止"之义来诠释"致知"。对于格物，聂豹提出了"格物无功夫"的说法，认为唯有致知是道德修养的方法，格物无方法可为。

聂豹之所以如此解读"致知格物"，原因有二：一是在他看来，良知本寂，知觉是良知感应的结果，故知觉不是道德修养的重点，修养必须静养虚灵本体，以使良知获得充实，由此知觉自然无偏差，同时也就达到了格物的效果。可见，聂豹此说实是归寂思想的必然结论。二是聂豹认为，如果在客观事物上作道德修养的功夫，就有可能犯朱熹之学的追求于章句注疏而忘却自身道德修养；如果基于王畿等人良知现成的观点，把良知视作知觉，在知觉上去求良知本体，其结果便会导致"任情"和"猖狂自恣"。总之，正如学者吴震指出的那样，聂豹归寂思想开始形成于嘉靖十六年（1537）病居翠微山之时，定型于嘉靖二十一年《大学古本臆说》的撰述，标志着聂豹思想的成熟。

嘉靖二十一年冬，聂豹自平阳归江西故里。当时江西王学的代表人物齐聚吉安，聂豹与欧阳德、邹守益、罗洪先等人举办了青原九邑大会，之后诸人同游石屋、玄潭等处。青原讲会是江西吉安府王学学者举办的讲学，聚集了当地著名学者欧阳德、邹守益、聂豹、罗洪先等人，同时吉安府九县青年学子纷纷参加，故亦称九邑大会，是整个江西地区推广王学的主要讲会之一。

无论对于仕途抑或是思想的发展而言，聂豹任平阳知府的两年都是关键的转折点。

第一，对于聂豹的仕途而言，平阳知府任上成功抵御蒙古军的袭扰使其逐渐由行政官吏转型为军事官员。明朝灭亡以后，人们对王守仁之学的印象大体是"无事袖手谈心性，临危一死报君王"的空谈误国形象。事实上，王守仁不仅是明朝中期著名的思想家，创立了以良知为核心的明朝心学，而且是明武宗正德年间著名的军事家。虽然王守仁的弟子们有不少为朝中重臣，如徐阶、欧阳德等人，但在军事上有所建功的唯有聂豹。聂豹的军事才华最早就表现在平阳府抵御蒙古人的入侵上。蒙古退军后，聂豹辗转各地任军事官员，最终被擢升为兵部尚书。可以说，聂豹一生的军功有助于后人重新评价明朝王学的社会价值。

第二，对于聂豹思想发展而言，在平阳知府任上，他撰写了《大学古本臆说》，此文虽已不存，但其中的大概依旧可知。此文是继病居翠微山之后聂豹思想发展过程中又一个里程碑，标志着其思想最终定型。

兵备潼关与被逮下狱

尽管聂豹在嘉靖二十一年（1542）抵御蒙古军袭扰中功劳卓著，使平阳府免受战乱之害，受到了朝廷的嘉奖，但也有人诬告聂豹任职平阳府时有贪污受贿之行。

同年八月，蒙古军北返后，明朝廷严惩了一批御敌不力的山西官员，同时表彰了战时有功之臣，聂豹属于表彰之列。巡按御史童汉臣荐聂豹，给事中刘绘又荐聂豹任边方都御史。明世宗得知聂豹领导平阳抗击敌军的功绩后，特地问侍臣："聂豹是一个怎么样的人，竟然能取得如此战功？"参政王仪、于敖二人因事前推荐聂豹任平阳知府，故被擢升。时任礼部尚书的严嵩更是上疏请求表彰聂豹。严嵩认为山西战事当务之急有三：择大将、募壮勇、足粮饷。山西积弊太久了，上述三法的实施在于是否能够任用有才干之人，以严法令明赏罚。假如将官以退缩自全为得计，而败军者不被严惩，长此以往各级军官彼此观望，对战事当然不利。当蒙古军欲趋平阳时，知府聂豹练兵据险，使蒙古军不敢入境。假使各郡官员将士皆如聂豹，蒙古军岂能长驱南下？况且聂豹何尝如他人时时催粮，但平阳府人皆可兵、兵皆得食，此足见人才是山西战事的关键。对此，明世宗的批复是："寻访人才，是解决问题的关键所在。"虽然聂豹功劳卓著，受到朝廷嘉奖，但也有人状告聂豹任职平阳府期间有贪污受贿的嫌疑。聂豹任平阳知府时，平阳同知许樾与聂豹是旧僚，又曾拜聂豹门下，所以像从前一样执弟子礼。平阳捷报后，时人将功劳归之于聂豹，许樾心中不平，乃诽谤聂豹在募饷于民间和处理苏仁事上有贪污受贿之行。此论一出，朝中御史上疏弹劾聂豹，朝廷遂下诏令山西巡抚查办此事。

嘉靖二十一年，山西巡抚在查办贪污受贿之行的过程中，聂豹一度自平阳归家，专心于授徒讲学，并与吉安当地学者举办了九邑大会。嘉靖二十二年，尽管贪污受贿一事尚未有最终结果，但朝廷依旧因平阳军功擢升聂豹为陕西按察司副使，兵备潼关。事实上，聂豹任陕西按察司副使时间很短，加之贪污受贿一事尚在查办过程中，所以未有行政和军政活动记载，但是为说明自己的清白，聂豹致书当时的武英殿大学士兼礼部尚书严嵩。在信中，聂豹首先回忆了师徒之情，申明今日之事愧对恩师知遇之恩。聂豹在信中说，每当念及严嵩的汲引之恩，未尝不愧汗沾衣。聂豹自称即使今日蒙受不白之冤，受严刑惩罚，也无所怨恨，只是公义私恩无以为报。其次，聂豹大致叙述了被弹劾之后的情况。聂豹自称任平阳知府时，严于律己，招致弹劾。转任潼关后，未尝有一语辩白，认为此事最终会大白于天下，然而御史与平阳各大臣联名上疏弹劾，实为冤屈。再次，聂豹向严嵩告白：自平阳以后，再三反省自查，确无御史弹劾中所说的贪污受贿之行，平阳任上是秋毫无犯，其欲加之罪，何患无辞。最后，聂豹向严嵩直言，械系铐讯，备尝艰辛，情迹孤危，手足无措，畏疑顾虑，如履薄冰，唯求辞官引退。在信的结尾，聂豹说：一切依靠你了。事实上，严嵩并非聂豹在朝廷的唯一后援，嘉靖二十二年刚刚被擢升为礼部右侍郎的徐阶是聂豹的学生。正德十五年（1520），进士及第后的聂豹初入仕途，任华亭知县，徐阶当时是聂豹的学生。嘉靖二十一年，聂豹任平阳知府时，徐阶四十岁寿辰，聂豹撰写《存斋记》为徐阶祝寿。在聂豹贪污受贿一事上，徐阶也向朝廷力保聂豹。

聂豹致书严嵩后，御史弹劾奏章很快有了处理结果。嘉靖二十二年六月，经吏部议，聂豹降俸一级。经历了这次弹劾打击后，聂豹上《衰病不能供职乞恩休致疏》，请求居家养病。聂豹在上疏中说：任平阳知府期间，为御敌赈荒，心力疲惫，兼以南北差异，水土不习，旧病痰火举发，不时昏眩，夜不能寐。现任陕西按察司副使，兵备潼关。潼关为咽喉要地，即使年轻力壮、才干卓著、水土相宜之人恐亦不能担此重任，自己万万不能胜任。在聂豹的恳请下，得以辞官回乡。尽管聂豹在严嵩、徐阶等人的帮助下以降俸一级了却弹劾，但事实上此事并未结束，此后山西巡抚查平阳各项开支，历时三四年之久，并最终导致聂豹于嘉靖二十六年（1547）银铛入狱。

嘉靖二十二年，聂豹辞去陕西按察司副使，自潼关归家，不再参与朝廷政事，一意授徒讲学。由于聂豹自嘉靖十八年阐明虚寂之学后不久便出任平阳知府，所以聂豹自潼关归家之前，虚寂之学在吉安的影响并不大。归家之后，聂豹坚卧不出，以虚寂之学教授弟子，但他的虚寂之说并未被家乡士人立即接受。如罗洪先初闻归寂说后，一度十分怀疑。罗洪先与聂豹同是江西吉安人，其于嘉靖八年举进士第一，授翰林院修撰，不久归家不再出仕，一意弘扬王守仁之学。聂豹任苏州知府时，二人便相识。聂豹在家丁忧期间，二人多次参加庐陵青原讲会。嘉靖十六年，聂豹病居翠微山时，罗洪先赴翠微山，与聂豹会晤五日。聂豹作诗《和罗达夫洞中见寄二首》相赠。尽管聂罗二人为王学同道，且私交甚笃，但罗洪先最初对聂豹的归寂说并不认同。如罗洪先看望病居翠微山的聂豹时，聂豹曾向其提及"因静入悟"之说，但罗洪先认为隔绝人事、因静入悟难以经受得住现实生活的考验，且这种静悟只是幻觉，对为学无益。其实罗洪先并不否认静修的意义，他自己也常做静中省察的修养，然而他认为只有在现实生活中才能够把握良知，所谓对火炼金、一尘不染，方能探究到究竟。聂豹自潼关归家后，其思想不限于静悟，进一步发展出完整的归寂说。对这一学说，罗洪先依旧持有不同看法。罗洪先在给友人王有训的信中说：虽然静坐收拾人心是千古圣学的教诲，但此种仍有需要分辨的道理。道德修养必须从静中入手，将日常生活中的种种浮躁欲求收敛沉静下去，才能渐识心体，但静坐只是为学的基本功，而不是最终目的，为学要通过静坐来"识得本心"。无论是在静坐中还是在日常行动中始终能够安住于本心，方是真修养。

由此可见，罗洪先在嘉靖十六年、嘉靖二十二年两次听闻聂豹的主静归寂说后都是疑而不信。至于罗洪先最后接受了归寂说，那是后话了。不仅罗洪先不认可聂豹的归寂说，王守仁的亲传弟子黄弘纲也持同样的观点。正德十一年（1516）乡试中举后，黄弘纲从学于王守仁。士子初入学，王守仁令高第弟子教之，然后再亲传之，黄弘纲便是代王守仁教育初入学士子的高足。这位问学于王守仁十余年之久，以顺自然为主的黄弘纲初闻聂豹的归寂说后，便不赞同这一观点。黄弘纲认为聂豹的良知本体是静、情感作用是动的动静二分之法是错误的。自良知本体而言，是动静合一的；自情感作用而言，亦是动静合一的。因此不能一味坚持主静归寂的道德修养方法，不睹不闻和戒慎恐惧皆是自动静而言的，并不都是主静。嘉靖二十年，聂豹与罗洪先、黄弘纲论学旬月，二人并未接受聂豹的归寂说。据文献记载，聂豹归寂说一出，听者莫不大吃一惊，这说明归寂说提出之初并未被王学学者接受。

聂豹家居期间，积极参与吉安地方的白鹭洲书院讲会，并筹建重修永丰县儒学等文化活动。白鹭洲书院位于江西吉安赣江江心的白鹭洲之尾，南宋江万里创建于淳祐元年（1241），此后兴而废，废而复，与庐山的白鹿洞书院、铅山的鹅湖书院、南昌的豫章书院齐名，合称为古代江西四大书院。明朝嘉靖年间，吉安知府何其高重修白鹭洲书院。书院建成后，何其高又聚吉安九县学者举办讲会，史称白鹭洲九邑讲会，又嘱当地文化名人聂豹、邹守益、欧阳德等人撰文纪念，于是聂豹作《道心堂记》。"道心"一词出自《尚书·大禹谟》中的"人心惟危，道心惟微，惟精惟一，允执阙中"。宋以前，人们并不重视这十六个字，也没有产生显著的社会影响。宋代理学家出于构筑理学体系的需要，对它断出己意，大加赞赏，认为这是尧舜禹心心相传的关于治理国家和个人修养的原则，故又有"十六字心传"之称。聂豹将白鹭洲书院云章阁后的一间殿堂命名为"道心堂"，并作《道心堂记》，其中阐述了他对"道心"一词的理解。按照朱熹的解释，道心是与出于个人自私目的的人心相对立的，符合伦理纲常之心。人心不符合义理，很难做到大公无私，所以危而不安；道心尽管公正，但难免遭受人心的蒙蔽，难以充分显露出来。王守仁反对朱熹将人心道心二分的做法，认为心只有一个，得其正则为道心，失其正则为人心。

聂豹在《道心堂记》中对这一问题有不同于朱熹和王守仁的独特解释。他认为，道心就是喜怒哀乐未发之心。喜怒哀乐未发，所以"道心惟微"，本于虚寂。君子理解道心虚寂的道理，所以做戒慎恐惧的道德修养功夫，因此就能够"为天地立心，为生民立命，为往圣继绝学，为万世开太平"。后世之人不理解这一道理，或为五霸之功利，或流于佛道之虚寂。五霸功利之害，显而易见；佛道虚寂之祸，隐而难知。由此可见，聂豹对道心的解释既与程朱理学有一定的差距，也与王守仁之说不相类似，而是立足于他的虚寂之说。嘉靖二十二年（1543）冬，居家的聂豹与当地永丰乡绅出资建新学宫。聂豹的这一提议得到了当地官员的大力支持，由中丞张岳主其议，柱史魏谦吉核其成，县尹魏梦贤经营，建立了由文庙、明伦堂、尊经阁、群英阁、棂星门、号舍、名宦乡贤祠等建筑组成的永丰县儒学，并邀请林应芳执教。为纪念重修县学之举，聂豹邀请罗洪先撰写《永丰县重修儒学记》，自己撰写《群英阁记》。

伴随着聂豹居家在乡传播归寂说，吉安府王学学者逐渐接受了这一学说，罗洪先就是其中的代表。罗洪先未亲自拜入王守仁门下，但自幼仰慕王学。罗洪先早年思想摇摆不定，对良知概念亦无准确的把握，但也许正因为如此，其思想容易受到来自各方面的影响，王畿的现成良知说曾对其早年思想有着明显的影响。自聂豹居家传播归寂说之后，罗洪先逐渐接受了这一学说。嘉靖十六年，聂豹养病于翠微山中，罗洪先曾亲自造访聂豹，与其会晤五天。嘉靖二十二年，罗洪先听闻聂豹的归寂说之后，曾在给友人的信中谈及归寂说，此时他虽然还对归寂说有一些疑问，但认为道德修养必须首先从静修入手，将日常种种的浮躁、欲望去除，才能渐识心体。再加之二人对王畿的现成良知说弊端的共同看法，使得罗洪先逐渐认同聂豹的归寂说。嘉靖二十五年，在写给聂豹的信中，罗洪先对聂豹此前的告诫极为感激，并表示要尽弃以往的偏见，一意于收敛静坐之功。此时罗洪先与聂豹的友谊不但进一步加深，而且学术观点也越发接近。嘉靖二十六年秋，罗洪先再次听闻聂豹的归寂说时，感到倏然心惊，与自己不谋而合，就完全接受了归寂说。

嘉靖二十六年正月十三，聂豹六十岁寿庆，吉安府各界名流聚会于青原，为其祝寿。邹守益作《双江聂子寿言》，高度评价了聂豹的政治和思想成就。在政治成就上，聂豹任华亭知县时，以裁处繁杂的政务而闻名；任福建巡抚则立志安定八闽；任苏州知府期间，以礼治教化士民。近年来，聂豹任平阳知府，扑灭蒙古烈焰，保障京畿安全，堪称国家的长城，得到各级官吏的举荐，然而聂豹在获得赞誉的同时，毁谤之声随之而来。事实上，毁誉相间是人世间的常态，就如同喜鹊和乌鸦之声并存一样，关键是要以淡定的心态面对毁誉之声，不要闻喜鹊之声而喜，闻乌鸦之声则悲。在思想成就上，聂豹早年驱驰四方，立志求学，及闻先师王守仁之学，精思力践，晚年恍然有悟于未发之中，得归寂之说。邹守益指出归寂之说的重点在于对寂感的区分。邹守益此篇"寿言"是对身处困境中的聂豹极大的支持。聂豹此时虽在乡家居，但平阳贪污受贿一事并未结案，朝廷依旧在多方调查，邹守益等吉安府士人不仅为其大张旗鼓地祝寿，而且在"寿言"中，将他的政绩和归寂说并称为聂豹一生的两大成就，可见对他是极为支持的。

家居期间，聂豹不仅与吉安籍王学学者交往密切，而且泰州学派的代表罗汝芳也曾问学于聂豹。在《明儒学案》中，黄宗羲将王守仁去世后的王学按所在地域分为八个学派，其中的浙中、江右、南中、楚中、北方、闽粤六派冠之以王学之称，聂豹就属于江右王学，但泰州学派与止修学派则没有王学之名。对于黄宗羲此举的用意，吴震指出，黄宗羲在对王守仁弟子作思想判定的时候，他的标准是不够明晰和确定的，其结果使得那些思想上的所谓异端分子都被归入泰州学派，导致整部泰州学案几乎成了一个大杂烩。这样做的目的无非是突出阳明心学的历史地位，为此有必要极力维护阳明心学的纯粹性。必须承认，从根本上说，《明儒学案》的撰述是建立在正统与异端必须泾渭分明这一儒家道统观念的基础之上的。罗汝芳就是泰州学派的代表人物。嘉靖二十三年（1544）参加会试后，罗汝芳自认为学问不够精深，不可以为官，不参加廷试，退居故乡游学各地达十年之久。嘉靖二十六年，罗汝芳出游江西吉安永新，拜访颜钧，随后又拜访了聂豹、罗洪先、邹守益等吉安府著名王学学者。同年，吉安府王学学者为聂豹祝寿而举办了青原大会，罗汝芳也参与了此会。

嘉靖二十六年，巡按御史上疏举荐聂豹，吏部决定重新启用聂豹，但当时的首辅夏言反对重新启用聂豹，遂以平阳贪污受贿一事逮捕聂豹入锦衣卫狱。对于聂豹任平阳知府时贪污受贿一事，原本已有处罚结果：聂豹在嘉靖二十一年蒙古入侵山西期间，借口筹措军需，大肆搜刮当地富户，多者千金，少者数百，共计得银二万二千六百余两。又罚银五千两，私放苏仁死罪。上述银两据称被用于募兵和修建城防工事。又令寺观煮粥赈饥，改建平阳儒学亦支费千余金。科道官卢勋、陈储秀弹劾其贪肆，命山西巡抚调查，至今已四年了，其间山西巡抚数易其人，最终认为聂豹上述举动皆出于公心，本无私意，故先劝罚而后申呈。至于上述支出，因聂豹御敌有功，故以军饷核销。聂豹本人亦不能完全无罪，吏部和监察院合议决定，聂豹所收银两非入己之私囊，不应罢黜，而以养病为由令其回原籍。嘉靖二十六年，首辅夏言又重提旧事，谓聂豹假公济私，搜刮民财二万余两，又改拟死罪，得罚银五千两，肆意违法，令锦衣卫逮至京城讯问。同年十月十五日，聂豹正与弟子讲习《中庸》时，校尉突至。聂豹十分镇定，从容出见使者，易囚服，慷慨上路。室中讲学弟子悲号不胜，聂豹若不闻。门人父老送之，无不流涕。聂豹神色不动，拱手作别。是时同郡邹守益、罗洪先等人皆至江边送行，聂豹仍与他们讲学不辍。聂豹的行为打动了许多人，送行之人皆称赞不已，以为聂豹实学实行，绝非流于言说之徒，以至于前来抓捕聂豹的锦衣卫百户戴经从此执弟子礼。

事实上，嘉靖二十六年，聂豹被逮入锦衣卫狱真正的原因并非缘于平阳贪污受贿一事，而是夏言和严嵩政治斗争所致。夏言与聂豹同为正德十二年（1517）进士。严嵩曾为该科会试的主考官，与夏言和聂豹两人均有师生之谊。夏言在嘉靖初年得到世宗的赏识，一年中，由正七品的都给事中升至正二品的礼部尚书，比严嵩早发达。入阁以后，他推举严嵩任礼部尚书。因有引荐之恩，夏言对严嵩傲慢无礼，以门客视之，两人关系迅速恶化。后来，夏言又因拒穿戴道冠法服等事，招致世宗不满。严嵩适时地利用世宗的不满，攻击夏言，使世宗下决心除去夏言。

嘉靖二十三年，首辅翟銮因事削籍，严嵩成为首辅，但这并不意味着他的地位就完全巩固了。明世宗曾在案几上写下"公谨"（夏言字）二字，表现出对夏言的眷恋之情。严嵩闻知此事，主动提出重新启用夏言。夏言再次成为首辅，仍一如既往，不以同僚之礼待严嵩。为彻底打倒政敌夏言，严嵩暗中勾结被夏言处罚的官吏，并收买宫中太监，而夏言则视太监为奴仆。如此，夏言在世宗面前屡屡失意，而严嵩则能及时得到情报，了解世宗的喜怒心态，讨得世宗的欢心。嘉靖二十七年（1548），夏言在计划收复河套一事上违背了世宗旨意，严嵩终于抓住机会，设计诬陷夏言，夏言被杀。

嘉靖二十六年聂豹被逮之时，正是夏言二次任首辅之际。夏言此时并未吸取革职的教训，依旧对严嵩颐指气使，凡是他憎恶的官僚，或与严嵩亲近的官僚，一概逐斥。嘉靖二十六年，时任吏部尚书的严嵩打算重新启用聂豹，命巡按候御史题覆前事。吏部议且将启用聂豹，因聂豹是严嵩亲近的官员，所以夏言重提平阳贪污受贿一事，不但不启用聂豹，甚至将其逮捕，下锦衣卫狱。事实上，聂豹贪污受贿一事应属冤案。聂豹在平阳知府任上筹措的银两皆用于募兵和修建城防工事，并未入私囊。聂豹被逮时，家中资财仅五十金，友人刘文敏感叹：太穷了！当时聂豹的友人陈西川出百金助聂豹赴京之需。

如果说嘉靖二十六年因夏言与严嵩的政治斗争而导致聂豹

下锦衣卫狱，是其仕宦中的一大挫折，那么入狱的一年多时间则是聂豹思想最终走向成熟的重要契机。在入狱期间，聂豹归寂主静的修养功夫得到了检验和进一步提升。聂豹入狱后不久，夏言因收复河套一事受严嵩陷害而被捕入狱，二人狱中相对，聂豹无怨色，夏言极为惭愧。聂豹于狱中静坐不辍，最终体悟归寂说之奥秘。聂豹在狱中作《答戴子问学次韵》答锦衣卫百户戴经问学："虚明澄夜气，万籁寂消沉。不犯纤毫力，潜窥天地心。动中有不动，外物何能侵。寄语了心人，平旦本无箴。"其中的"动中有不动，外物何能侵"道出了聂豹此时修养的关键。黄宗羲在《明儒学案》中称聂豹于狱中闲久静极，忽见此心真体，光明莹彻，万物皆备，最终体悟到："此未发之中，守此不失，天下之理皆从此而出。"出狱后，遂立静坐为道德修养的根本方法。忽见此心真体意味着有了真实的体悟，也是聂豹归寂说具有实践的印证。聂豹在狱中所写《困辨录》和《幽居答述》二书，是其一生中的两部重要著作，集中反映了聂豹晚年思想的主要观点，标志着聂豹思想最终走向成熟。

对于聂豹而言，嘉靖二十一年的兵备潼关至嘉靖二十六年的被逮下狱之间的五年是其仕宦生涯的一大挫折。兵备潼关之前，聂豹因平阳御敌之功被广为称颂，甚至明世宗也有"聂豹是怎样的人，竟能获此战功"的感叹，一时间成为政坛上的新星。随之而来受到贪污受贿的非议，被迫辞官归乡。嘉靖二十六年，聂豹又无意间卷入夏言与严嵩的政治斗争，贪污受贿旧事重提，被逮入狱。尽管这五年间是聂豹仕宦生涯的低谷，但对于聂豹思想的发展而言，却是其思想走向成熟的重要发展阶段。

　　聂豹之所以成为明朝思想史上的重要一员，固然是因为他是明朝王学中的重要一员，更重要的是他创立了归寂主静的思想体系，这一学说不仅极大发展了王守仁之学，而且对纠正王守仁去世后，王学流于空疏，放弃严格道德实践的学问风气有着重要的价值。因此，当时学者盛赞聂豹所言：真是霹雳手段，许多英雄瞒昧，被他一口道着，如康庄大道，更无可疑。而在聂豹归寂说形成发展过程中，兵备潼关至被逮下狱之间的五年无疑是其思想走向最终成熟的重要阶段。嘉靖十六年，聂豹病居翠微山，于学有悟。嘉靖二十一年撰写《大学古本臆说》，标志着归寂说形成，随即兵备潼关，后归乡居家。在居家期间，聂豹一意讲学授徒，同时积极参与吉安府的讲会等各种文化活动。伴随着归寂说的传播，吉安府王学学者逐渐接受了这一学说。当时著名吉安籍王学学者罗洪先是当时认同归寂说的代表。至嘉靖二十六年时，聂豹的归寂说在江西吉安已经有相当大的影响。随后，聂豹被逮入狱一年有余。如果说聂豹之前注重思想的创造，构建了以归寂为核心的思想体系，那么在狱中的这一年多时间中，静坐良久，忽见此心真体，在实践中检验了归寂说的有效性。总之，嘉靖二十一年至嘉靖二十六年之间的五年是聂豹的归寂说最终走向成熟的重要阶段，这不仅表现为归寂说被当时王学士人广泛认可，更体现这一学说在实践中得到了有效的印证。

冲玄大会与兵部尚书

嘉靖二十六年十一月二十一日，聂豹被逮至京师，第二日下诏入狱。被逮后，经多方查验，平阳贪污受贿一事无实据。嘉靖二十七年，内阁首辅夏言倒台。九月，下诏令巡抚御史重新查验。是时平阳籍户部尚书张润知聂豹在平阳所作所为，声称愿以全家百余口性命担保聂豹在平阳时无贪污受贿之行。十月，夏言死，巡按御史黄洪毗至山西调查归来，真相大白，谤议之声顿消。年底，聂豹获释。嘉靖二十八年（1549）年初，聂豹归江西吉安故里。同年仲秋，与邹守益等人在龙虎山的冲玄观举办了冲玄大会（亦称冲元大会）。

冲玄大会是明朝王学学者举办的诸多讲会中最具影响力的讲会之一。这次讲会使得聂豹的归寂说与其批判的对象王畿的良知现成说发生了直接的碰撞，而且这次讲会的资料较为完整地保留下来，使得我们可以一窥王学讲会的内容和过程。

龙虎山在广信府贵溪县南八十里（现位于江西省鹰潭市西南二十公里处），是道教正一派的传教之地，与四川的青城山、安徽的齐云山、湖北的武当山并称四大道教名山。此地群峰绵延数十里，山状若龙盘虎踞，山间溪水绕山转峰，山丹水绿，灵性十足，是适合论心讲学的名山胜地。

此次讲会不同于区域性的讲会，而是集合了浙江、安徽、江西的王门同志共聚一堂，是跨区域性的盛会。浙江籍著名学者王畿、钱德洪偕浙江、江苏、徽州、宣城等地王学学者，聂豹、邹守益等人邀请王臣、陈九川、洪垣等人，共襄盛举，参与此会。讲会结束后，聂豹致书邹守益，再次讨论讲会中论点的异同，王畿有《冲元会纪》七条载其主要讨论内容，邹守益有《冲玄录》二十八条语录的记载。因故缺席的罗洪先也在翌年看过邹守益的会语以后，提出自己的看法，其《夏游记》有详细的论辩，并为邹守益的《冲玄录》作序，而有《刻冲玄录序》。

从上述记载冲玄大会的会语资料中，可以从中发现讲会讨论的主要问题："谈本体"与"说功夫"。从中透露出王学学者中共同的修养功夫倾向，即轻视在念头思虑上的对治功夫，强调从本体上着力用功，是与会者的共识。换言之，从良知心体（本体）上用功，方是第一位的功夫。问题是王门学者对本体之功的看法并不一致。如聂豹主张归寂，认为在静修中才能把握不动的心体；邹守益则认为心体时刻处于变动之中，无一丝一毫静止，不存在归寂的道理，更不需要静修，但戒慎恐惧的修养功夫是不可缺少的。至于王畿则强调本体原是变动不居，人的一言一行，甚至每一个念头都是良知运行的结果，因此不仅不需要静修，就是戒慎恐惧的道德修养也没有必要。显然，对把握本体的功夫如何认定，已涉及对王守仁所提出的本体与功夫二者之关系的深入了解。于是，在冲玄大会上，围绕着《中庸》与《大学》的一些问题，展开了热烈的讨论。在《中庸》方面，不睹不闻和戒慎恐惧、未发和已发，这两组概念屡屡引起争论。由于王守仁生前指点学生时曾说过：不睹不闻是良知本体，戒慎恐惧是修养功夫。但他也说过：戒慎恐惧是良知本体，不睹不闻是修养功夫。这两种看似矛盾的说法令其弟子们疑虑丛生。对于这一问题，王畿认为，先师王守仁并不是采取分本体功夫为二的方法来思考这一问题，而是从实践上的辩证发展，将本体与功夫合而为一，即功夫不离本体，本体即是功夫，二者是合一的，这正显示出王守仁"体用一源"的哲学思维特色。然而就当时王学学者来说，若不从实践上真切用功体验，而只在言语的解释中打转，实在很难领悟此义理的独特之处，反而横生意见，曼衍出许多误解。因此，当讨论到《大学》中的"格物致知"之意时，罗洪先在《夏游记》中就批评王畿轻视具体道德修养功夫的倾向。

聂豹是这场规模甚大的冲玄大会的组织者之一，但根据文献记载，他在这次讲会的发言并不多。之所以如此，原因在于聂豹的归寂说诞生之初就受到来自多方面的批评，因此他对王门讲会有所不满。如嘉靖二十二年（1543）聂豹自潼关归家之初，罗洪先和黄弘纲便对聂豹的归寂说提出了疑义。此后的讲会中，王畿等主张良知现成的学者更是对此颇有批评之词，引起了聂豹的不满。对于聂豹心中的不满，罗洪先曾写信劝其虚心听取不同意见：可取的批评要虚心接受，不对的批评也不应一味排斥。在罗洪先的劝说下，聂豹最终筹划并参与了冲玄大会。据邹守益的《冲玄录》记载，聂豹在冲玄讲会中着重就寂感问题发表了看法。他认为，从感动的层面上看，四时更替、万物生长代表的天道运行，人的戒慎恐惧的道德修养，这些都是感动之后的现象；就感动之后的根据看，天道运行和道德修养都源自不动的太极。事实上，聂豹这一说法的理论根据依旧是他的归寂说，寂静的本体是根据，感动之物是现象，天道运行和道德修养都必须复归寂静的本体，即归寂。

尽管聂豹在冲玄大会上的发言不多，但并不意味着他的归寂说不是这次讲会上的核心问题，事实上聂豹的学生徐阶和同道罗洪先极力阐明归寂说，甚至在会后与王畿等人展开长时间的辩论。徐阶指出，为学须从无极太极上悟入。这是因为阴阳二气和五行的流行变化，四时更替，万物生长，皆源自太极无极，若只是隐隐见得真性本体，而不在日常行为中作切实的道德修养实践，依旧不是真正体悟本性，唯有直指先天本体，才称得上下学上达。徐阶的这一说法显然是聂豹归寂说的翻版。与徐阶照搬聂豹之说的做法不同，罗洪先在《夏游记》中依据归寂说的理论模式，全面批评了王畿的良知现成说。罗洪先认为《中庸》言性，所指在不睹不闻的未发之中。因此道德修养的根本方法是不睹不闻和戒慎恐惧。而在不睹不闻与戒慎恐惧之间，不睹不闻更为根本，舍不睹不闻之外，没有戒慎恐惧。因此，唯有常定、常静方可谓复归良知本体的功夫。当然罗洪先的这一说法无法得到王畿的认可，王畿甚至认为归寂说有佛老流于虚寂而不务世间之事的倾向。对于王畿的这一态度，罗洪先在五年后作的《甲寅夏游记》中，再次以自己的亲身感受说明归寂说的正确。他指出自己曾用力于良知现成说，但吾心之中善恶之念常交杂在一起，而心中没有做主的依据，所以现实的行为并不能做到为善去恶。从事静坐修养之后，无论是个人的思虑感官，还是治国平天下之事，无有不正。由此可见，聂豹的归寂说与王畿的良知现成说共同成为冲玄大会上的主要问题，这足以说明这一学说在当时的影响。

　　嘉靖二十九年（1550），因夏言倒台而最终摆脱平阳贪污受贿一事困扰的聂豹迎来重入仕途的新契机。蒙古军队再度南下袭扰，明蒙关系再度紧张，明朝廷急需懂军事的官员主持军务。是年，俺答再次举兵大举南下，攻掠大同，明军一触即溃，总兵张达和副总兵林椿皆战死。八月，俺答移兵东去，由蓟州从小道攻古北口入犯，长驱直入，掠怀柔，围顺义，到通州，直抵北京城下，大掠村落居民，焚烧房屋，大火日夜不绝，京师大震。兵部尚书丁汝夔急忙部署防守京城事宜，然而当点阅北京驻军册籍时，竟发现军队名单大多是虚名，实际在营人数很少，禁军仅四五万，且老弱半之，另外一半多为各级官吏的子女，居家而不在军营，即使在营士兵亦害怕不敢战斗。于是只得急调宣府、大同、辽阳、蓟州诸镇兵入京，大同总兵咸宁侯仇鸾、巡抚保定都御史杨守谦等人率军队勤王。当时明朝集合了五万援军，却未储备粮秣，以致军粮缺乏，当援军汇集京畿时，军队所需钱粮皆不知所出。户部筹措多日，每个士兵才勉强糊口。仇鸾虽率大同兵二万入京，世宗委任他为平虏大将军，统率各地援军，却不敢出战。兵部尚书丁汝夔也束手无策，只好闭门坚守，城外任俺答部焚掠。当政的严嵩认为俺答出兵的目的只是掠夺财物，一待抢掠够自然会离去，不足为患，暗示将官坚壁清野，静待蒙古军退兵。世宗也准备财物向俺答求和。这样，明政府任凭俺答的军队在城外肆意掳掠达八日之久，最后俺答仍由古北口故道退去。因为这年是庚戌年，故史称"庚戌之变"。

嘉靖二十九年八月，俺答退兵之后，时任礼部尚书的徐阶上疏明世宗，举荐聂豹。徐阶在奏折中说：蒙古人近日深入京畿，皇上震惊，在朝御史言官纷纷指责内外臣工无御敌之策，但御敌人才不同于器物随时可用，人才各有长短，若事前不加选择，使用之时恐不称职。当今之世，衡量人才的标准大多以重品德修养。有品德修养之士平时循规蹈矩，受人称赞，但当仓促巨变发生之时，却只能徐言缓步，不足以慷慨立功。当今处多事之秋，假如任用这些所谓的品德修养之士无异于以粗绳为房梁，终究会酿成大祸。原陕西按察司副使聂豹才识胆略过人，其任平阳知府期间曾抵御蒙古侵扰有功。因此，徐阶建议世宗不要顾忌御史言官的非议，启用聂豹指挥军事。世宗接受了徐阶的建议。九月，聂豹以右佥都御史复出，巡抚顺天，整饬蓟州军务。聂豹此时正居家讲学，接到任命后，立即赴任。聂豹刚到九江，世宗又下诏擢升其为兵部右侍郎。与此同时，接任聂豹的顺天巡抚孙应奎刚上任即被弹劾，故聂豹又以兵部右侍郎兼任顺天巡抚。十一月抵任。自嘉靖二十一年（1542）开始，聂豹一直被御史弹劾，其后又受夏言迫害，入狱一年多，此次重新被委以重任，定要努力建功，以报效朝廷。

嘉靖三十年二月，兵部尚书缺，时任兵部右侍郎的聂豹推荐翁万达及赵锦为尚书人选，最后世宗任命赵锦为兵部尚书。九月，聂豹升任兵部左侍郎。是时咸宁侯仇鸾请调宣、大兵进京防卫。聂豹认为京营之兵按制有十三万，这一制度不应改变，但各营人数和任务可以适当调整，宜设置五营，每营选精兵二万二千人，神枢、神机二营各九千，共四万人，由一名总督、四名游击及两名佐领统率，严格操练以备征战。每年器械、军粮、犒赏等费用由户部足额拨付。各项操练严格遵循军法，各级官员不得侵占，横生异议。聂豹的奏章呈上后，仇鸾知调兵回京已不可行，遂对聂豹心生忌恨。仇鸾又请抽调各边镇精锐士卒卫戍京师，意在削弱宣、大二镇。聂豹又上奏曰：边镇乃京师门户，岂有不以门户御敌而在殿堂与敌搏斗之理，应固守宣、大二镇，宣、大安则京师安。嘉靖三十一年九月，聂豹奉旨协理京营军务，清理军费，巡视九门。

嘉靖三十二年（1553）正月，六十七岁的聂豹迎来了其仕途生涯的顶峰——兵部尚书。嘉靖三十四年二月，聂豹引疾乞休。在这两年中，聂豹在军政方面主要做了以下工作：

第一，聂豹据实核查严嵩之孙严效忠冒领军功案，在明朝著名的杨继盛弹劾严嵩一案中起到关键作用。嘉靖二十七年，通政使司（明朝设置的用以掌内外章奏和臣民密封申诉文件的机构）上奏：严嵩仅十六岁的孙子严效忠参加武举未第，议送两广军中效力。不到一年，总兵官陈圭、都御史欧阳必进上奏严效忠在平定两广土著叛乱中效忠报捷，授以锦衣卫所镇抚。不到一月时间，严效忠之弟严鹄称，其兄严效忠在平叛中身负重伤，请代替其职。此后，严鹄又称严效忠曾于军中斩首七级，应再加升署副千户。杨继盛奏称，上述事情皆为严氏子孙凭借严嵩父子权势而捏造。通政使司上奏后，世宗令兵部武选司郎中周冕查核此事，后不了了之。时任兵部员外郎的杨继盛再次上奏弹劾严嵩。杨继盛称大学士严嵩、子严世蕃事前曾自创一稿，要求杨继盛依原文上奏。杨继盛看其内容，大多荒诞离奇，背离事实。杨继盛分析这起事件的不合理之处有：其一，若严效忠果真勇敢，何不送朝廷急需勇士的北方宣、大两镇，而送情况不太严重的两广。其二，严效忠曾参加武举未中，为何无本省起送参加武举的考试公文。其三，严效忠报捷，按例当由原籍江西授卫所镇抚，但为何由广东授予。其四，严鹄自称严世蕃之子，严效忠之亲弟，但严世蕃数子都在幼年，且未有名叫效忠的。其五，严效忠果严世蕃之子，据称年仅十六，如此年幼岂能于军前赴战，且亲冒矢石。其六，严效忠对敌刃创胫臂，未及一月，何以即能由两广飞报军情于万里至京师。其七，严效忠到京后，以战伤严重请求严鹄代任职务，何以严鹄替职之日不明言不能授职，而今又称病要求加授加升署副千户。其八，军功封赏当按例先奏请后封赏，为何严效忠未上奏而令上级封赏。杨继盛称，自明朝开国以来，未曾听说有宰相子孙送至军前报效者，今严嵩不但将严效忠送之军前，而且诈领军功，可见大坏祖宗之法者自严嵩开始。臣职责所在，不敢隐默，特请求纠正，使天下皆知朝廷有不可冒领之功、不可蒙蔽之正臣，大学士严嵩，盗权窃柄，误国殃民，其天下之第一大贼。杨继盛上疏弹劾后，严嵩假传圣旨，将其廷杖一百，投入死囚牢。杨继盛于狱中自行割下腐肉三斤，断筋二条，受尽折磨。嘉靖三十四年十月，严嵩授意刑部尚书何鳌，将杨继盛处决，弃尸于市。临刑有诗曰："浩气还太虚，丹心照千古。生前未了事，留于后人补！"明穆宗登基后，为前朝冤案大臣平反，杨继盛是第一人，并追赠为太常少卿。台湾学者高阳曾评价这一事件：明朝杀谏臣，自此而始；反激排荡，致使言路趋于偏激，由意气而戾气，国亡始息。说严嵩是明朝第一罪臣，亦不为过。然而此养奸纯出于世宗的姑息，世有亡国之君，才有亡国之臣，于此又得一明证。

聂豹在杨继盛弹劾严嵩一案的后续处理过程中发挥了重要作用。杨继盛弹劾严嵩后，明世宗认为已责成兵部武选司郎中周冕审查严效忠假冒军功一事，周冕未据实查报，责成兵部核查周冕失职之过，令锦衣卫执送镇抚司拷讯，周冕后被罢职为民。世宗又令时任兵部尚书的聂豹核查杨继盛弹劾严嵩一事的真相。经过详细调查，聂豹据实将此事上奏世宗，并将杨继盛提到的严嵩和严世蕃的密信一同上奏。聂豹奏闻世宗后，严嵩上疏请求免除严鹄所代严效忠之职。世宗告知严嵩："兹事无碍大体，朕已知辅臣严嵩恳辞，特批准其奏请以慰其意。"纵观整个事件，严嵩父子依仗权势冒领军功；杨继盛不畏权势据实上奏，被严嵩父子陷害致死；明世宗得知真相后仅免除严鹄所代严效忠之职，不惩处幕后主犯严嵩父子，又不制止严嵩父子对杨继盛的陷害，贻害无穷；聂豹据实查奏杨继盛弹劾严嵩一事，并将严嵩密信提交世宗，虽然世宗未处罚严嵩，但聂豹不畏惧严嵩父子权势，据实调查上奏此事，其行为值得称赞。

第二，聂豹主持修建北京外城，完成北京城池的"凸"字形建筑格局，这种布局此后一直延续了近四百年。永乐元年（1403），明成祖朱棣决定迁都北京，着手修建了北京城。正统元年（1436）起，明英宗用时九年对北京城进行了第二次增建，主要工程是整修扩建城墙，建九门城楼、瓮城和箭楼等。整修之后的京城周长四十五里，形成了极其坚固的城防体系。

北京城建成后，曾多次面临蒙古的入侵，成化十二年（1476），定西侯蒋琬提出在京城外加筑外城的建议。嘉靖二十一年（1542），都御史毛伯温上疏，倡言修筑外城。嘉靖三十二年给事中朱伯宸再次上疏，奏请加筑外城，世宗诏令首辅严嵩总理其事。

同年闰三月，兵部尚书聂豹会同锦衣卫都督陆炳总督、京营戎政平江伯陈圭、协理戎政侍郎许论、钦天监监生杨纬等人勘测修建外城约计七十里。聂豹将城垣修建制度、使用军夫匠役钱粮器具、兴工日期、提督工程巡视分理各官职责等一切事宜计划妥当，逐一开具清单，并将外城修建规划图纸呈请世宗审阅。北京外城走向：自正阳门外东道口起，经天坛南墙外及李兴王金箔等园地至荫水庵墙东止，约计九里，转北经神水厂、獐鹿房、小窑口等处斜接土城旧广禧门基址约计十八里；自广禧门起，转北而西至土城小西门旧基，约计十九里；自小西门起，经三虎桥村、东马家庙等处接土城旧基，包过彰义门至西南直对新堡北墙止，约计十五里；自西南旧土城转东，由新堡及墨窑厂经神祇坛南墙外，至正阳门外西马道口止，约计九里。大约南一面计十八里，东一面计十七里，北一面势如椅屏计十八里，西一面计十七里，周围共计七十余里。内有旧址可扩建者，约二十二里；无旧址，应新筑者约四十八里。北京外城规格：墙基应厚二丈，收顶一丈二尺，高一丈八尺，上用砖为腰墙，垛口五尺，共高二丈三尺；城外取土筑城，取土处建壕沟；正阳等九门之外，如旧彰义门大道桥各开门一座，共门十一座；每门各设门楼五间，四角设角楼四座，其通惠河两岸各量留便门，不设门楼；城外每面应筑敌台四十四座，每座长二丈五尺，广二丈，收顶一丈二尺，每台上盖铺房一间，以便官军栖止，四面共计敌台一百七十六座，铺一百七十六所；城内每面应筑上城马道五路，四面共计马道二十路；西直门外及通惠河二处，系西湖玉河水出入之处，应设大水关二座，八里河黑窑厂等处地势低洼，积水流聚，应设小水关六座；城门外两旁，完工之日拟各盖造门房二所，共二十二所，以便守门人员居住。修建所用军、民、夫、匠、役等支出：按照以往修建惯例，每丈城墙需用三百余工，今筑外城七十余里及门楼外水关、敌台、马道、运送物料等项工役颇繁，应用夫、匠人等数庞大，所有运料车辆并人夫、匠作，合令工部雇募，其运土筑城，兵部将备兵、班军，分为二班拨发给工部。雇募夫役、匠工所需食物，查照估定银数支给；班军行粮之外，日给盐、菜银二分，俱于请发银；备兵原无粮食，依照班军一体支给。聂豹等人预计砖瓦、木材、石料、器具、雇募夫、匠、工食，各军盐、菜等费，共计须用银六十万两，户部拨发二十四万两，兵、工二部各拨发十八万两，送顺天府储存，户部专差官员一名，并同顺天府官员一名共同管理银两支出。如有不敷，临时奏请，事完后将用过银两数目造册奏缴。督理官员：各项工程事体重大，各督理内外官员必须委任能干之臣负责。今拟请差内官监官一员，兵、工二部堂上官各一员掌锦衣卫事，左都督陆炳总督军营戎政，平江伯陈圭等人负责监督；都察院、工部各请差给事中御史一员，往来工地巡视纠察奸弊。以上官员各请圣旨一道行事；兵、工二部堂上掌印官，每三日轮流一员前往工地视察，当日清点军夫，管理工务，验放钱粮等事项；户部派二员，兵、工二部各四员，锦衣卫千、百户二员，京营参游官二员，各照职掌管其分区事项，提督大臣选委五城兵马及各卫经历等官，与同各官匠协力稽验，务求坚久，但有修筑不如法，三年之内致有坍塌者，追查各监工人员及建筑工匠问罪，责令照依原分地方修理，其各官应得俸禄，户部一体追查。明世宗随即批准了聂豹等人上奏的修建计划，开工建设。嘉靖三十三年（1554）四月北京外城完工，朝廷奖励有功大臣各荫一子。六月，聂豹之侄聂栋进国子生。

按照聂豹制订的修建计划，北京外城环绕内城四周，共计七十余里，设城门十一座，便门若干。但工程开始不久，因为耗资巨大，国库空虚，力不从心，仅修筑正南一面，转而北上，只包围了内城南端，三面长二十八里，设城门七座，使北京城形成了"凸"字形轮廓。至此，北京城墙的规模基本确定，一直延续到1957年被拆毁时。

第三，聂豹任兵部尚书期间，严格统兵将领的选拔任用，各将领当罚则罚，当奖则奖。嘉靖三十二年四月，昌平陵寝所在驻军都御史，苦无实权，百事掣肘，请求割涿、霸、宛平、大兴、良乡、房山、同安、永清、东安、武清、潞、文安、保定、大成、昌平、顺义、怀柔共十七州县并境内卫所驻划归其管辖。昌平都御史建议以提督兼巡抚名目与顺天巡抚势相掎角，总督居蓟州居中调度。昌平副总兵亦以方便镇守为由，请求节制天寿山、巩华城、黄花镇、居庸关等处，以便战守。黄花镇原非敌军必经之地，但渤海近贼巢，是军事要冲，所以应将黄花镇参将驻渤海卫所，令其往来督理；镇边、长峪、横岭三城最为要害，今只设守备一人、把总二人，权轻兵寡，不堪战守，白羊口偏僻，敌军不至，却设游击一人、守备一人，甚为失策，宜将白羊口游击移驻镇边城，分所部各驻守镇边、长峪、横岭三处，白羊口只留守备军队，足以防御。速命宣府守臣修山后通皇陵道路，其永安、巩华二营缺马二千二百五十四，请求令太仆寺给之。上述事项至聂豹处，他认为昌平都御史欲割顺天巡抚所属隶一事，事权体统未免分裂，加之顺天、永平二地自蒙古兵患以来，已增设总督军门，又于沿边分为八区，各置参将游击，已经很多了。聂豹认为，各地驻军唯有同舟共济，方能保京师平安，昌平都御史一味要求追加部署，应当革职，同时责令顺天巡抚去见昌平都御史，令其回京听用，改由副总兵守护陵寝。嘉靖三十二年七月，俺答大举入寇，犯灵丘、广昌、浮图峪等地。九月战事结束后，聂豹上奏请求对御敌之将士论功赏罚。世宗批准了聂豹的奏请：今岁蒙古寇关，诸臣力拒，多有斩获，苏祐升兵部尚书兼右副都御史，照旧兼理总督职务，仍荫一子；锦衣卫千户何栋赐白金五十两，锦缎四匹；刘大章升都督，同知玺希淳升右副都御史，仍镇守地方。御敌不利官员停俸六月，戴罪立功；江朝等人革任听勘。聂豹组织御敌有功，加太子少保，仍荫一子。

第四，聂豹关注北方军事重镇蓟州、宣府、大同等地的防务，采取各种措施加强三地战备，防止蒙古军队对北京周边的袭扰。明朝建立后，退居长城以外的蒙古诸部不断南下骚扰抢掠。因此，明朝从洪武初年就开始经营长城防务，在随后的二百多年中，从未停止过对长城的修筑，最终形成了贯穿东西、全线连接、完整的长城防御体系。为便于防守，永乐七年（1409），明成祖设置了辽东、宣府、大同、延绥四镇，首批设置四镇同以后所设的宁夏、甘肃、蓟州三镇，及再后设置的山西、固原二镇合称明长城的九镇。明朝廷花费巨大人力、物力修建起来的万里长城，并没有达到预期效果，这是由当时的社会状况、军事制度和战略思想决定的。单从军事的角度来说，在长逾万里的防御线上，攻击一方是先发制人，攻其不备，在时间、规模、突破口的选择上有主动权。而守军分散在万里长城线上，无论如何地强调常备不懈、居安思危，还是难以阻挡一些规模较大的突然袭击的。

嘉靖年间，蒙古俺答汗不断从蓟州、宣府、大同等地南下掳掠北方各省，威胁北京安全。因此，加强蓟州、宣府、大同三镇的防务成为聂豹任兵部尚书期间重要的工作。嘉靖三十二年（1553）五月，聂豹审查秋季防守事宜，重点关注蓟州、宣府、大同三镇的防务。其一，练选营兵。聂豹令各营军士逐一清查，简选精锐者，由各营主将按照战时标准统一训练，以使战时兵将相识。其二，分布边兵。蓟州、古北口等地是蒙古军队南下必经之地，北京防务重点，应将保定所选兵马二支，真顺民兵一支，达官都司军一支，山东河南民兵二支，统一交由总督何栋调遣；陕西游兵四支调赴宣府隆永等处，由总兵时陈训练调遣；辽东游兵一支，与河东河西游兵二支，轮番入京防卫。一旦蒙古军队侵犯北京，东至宣府辽东，西至山西大同，各镇尽数入京策应。其三，互相应援。如虏寇侵犯中路，邻阵闻警，即发奇兵星驰应援；如分路入侵，又须酌量缓急，不得顾彼失此。其四，爱养士卒。朝廷赏赐各军粮食、布匹、银钱等物，各军应及时分发给士卒，务必使士卒切实享受实惠。其五，严格警戒。各营哨应建烽火台，提供充足物资以资养赡，哨兵夜不收哨，遇险以昼烽夜燧之法迅速传递消息；飞报得实者，以军功升赏，死伤者，由朝廷厚重抚恤。其六，申明赏罚。严令各将官尽力血战，奋勇当先，首挫贼锋者，虽有死伤不论损军之罪，如畏惧失误军机，及买夺功劳者，一照按律问罪。其七，修堡练兵。使边镇居民修筑墩城，整理战守事务，团结互助，乘暇训练。其八，广开受降。严禁杀降，厚待投降者。其九，习利军器。中国长技全在火器，各级将领应积极训练士兵使用火器。其十，熟察地利。我军遇敌，不能据险而守，往往为敌所乘，令各将官查访辖区山川地势，遇警疾趋屯据，以便战守。聂豹制定的防敌事宜被朝廷批准，蓟州、宣府、大同三镇依法实施，取得了很好的效果。

嘉靖三十三年九月二十一日，敌军自大同平虏城入犯，山西镇西卫官兵前后斩首一百七十级，生擒一人。二十七日敌军十万自潮河川入，官兵连败之于龙王谷、砖垛子、沙领儿等处。十月，蒙古军队袭扰蓟州，蓟州军队积极应战，敌军攻城六日不能入。六月十八日，宣府克虏台斩敌首六级。二月十六日，敌军七骑驰至河坊口，明军有备，敌军遁去。世宗下旨封赏有功人员，聂豹进太子太保。

第五，聂豹注重预储粮草、筹措军饷，为战乱的嘉靖朝预作军事准备。嘉靖年间，蒙古军队几乎年年南下袭扰，明朝急需大量银钱粮草维系北方抗蒙之战。综观明边境史料可发现，边镇向中央乞拨钱粮作为军饷和赈灾之用的记载比比皆是。朝廷向边境拨发的财、物主要包括太仓银、太仆寺马价银、太仆寺寄养马匹，淮浙、长芦等地盐引，每年各边镇还有大量的年例银，遇有战事，这些财、物还要大量增拨。如嘉靖元年（1522）三月，户部言边镇有警，马草缺乏，请银购买。嘉靖三年九月，世宗以大同、宣府储粮告急，命户部亟发太仓银及太仆寺马价银各十五万，分贮镇城，以备支用。因此，预储粮草、筹措军饷成为聂豹的重要工作之一。嘉靖三十二年四月宣府、大同等地钱粮缺乏，军士告饥。聂豹得知后立即上疏历陈边镇弊端，弹劾各镇督抚不肯用心带兵，同时要求立即拨银两慰军。世宗得知后大怒，遂逮两臣入狱，遣户部侍郎陈公儒携军银一万三千三百九十两赈恤之。

为从根本上解决宣府、大同等北方边镇的粮草问题，聂豹命令南方熟悉水利之人指导北方边镇屯田。聂豹认为，宣府、大同是京师的门户，如果这里士兵的粮草问题无法解决，则京师危矣。虽然朝廷命河南、山东、山西等地向宣府、大同转运粮草，无奈路途遥远，往往运达一石路上需耗费数石，加之河南、山东、山西等地连年灾荒，转运粮草更加重地方负担。为解决粮草问题，北方各镇都实行屯田之法，命士卒利用空闲时间耕种土地，以解决粮草问题，但屯田的效果并不理想，其原因在于宣府、大同等地的驻军大多是北方人，北方人不善水利。而南方人擅长水利灌溉，因此可招募南方擅长水利之人，在宣大之霸村和墨龙湾等地理条件较好之处，开凿灌溉排水设施，不出三年，必得大利。为达到上述目的，聂豹联合户部、工部，征调南方擅长水利之官员，率领相关工匠，赴北方边镇指导营建水利设施。可以说，边镇屯田是解决军粮的重要举措，而聂豹使用南方人指导边镇水利建设则有利于边镇屯田。

第六，聂豹加强东南沿海的海防，积极抵御倭寇的入侵。嘉靖年间，在北境战争连绵的同时，又面临着东南沿海倭寇的侵扰，不得不开展抗倭斗争。15世纪后期，足利义满建立的室町幕府逐渐名存实亡，日本的封建藩侯又纷纷割据称雄，互争雄长，史称战国时代。这些众多的日本诸侯国都争着与明朝通商，但又受到明朝"朝贡"贸易的限制。被称为倭寇的日本海商与海盗，便分别在藩侯的支持下于中国沿海实行武装抢掠。嘉靖二年（1523），日本左京兆大夫内艺兴遣僧宗设，右京兆大夫高贡遣僧瑞佐及宋素卿先后至宁波。宋素卿原是宁波人，后来投奔日本。他贿赂明市舶太监，得先查阅瑞佐货物，市舶司设宴时也使瑞佐上坐。宗设不平，袭杀瑞佐，还杀死明备倭都指挥刘锦、千户张镗等，大掠宁波沿海诸都邑。这次争贡事件，暴露了明朝海防的废弛、将佐的无能和吏治的腐败，使日本封建主、武士、商人更加轻视中国。市舶司是明朝政府专管海外贸易的机构，争贡事件起于掌管市舶的内官贪受贿赂。世宗闻讯大怒，听从了夏言的建议，认为倭患起于贸易，于是罢市舶不设。罢市舶之后，日本船舶投托沿海的豪绅奸商，或称侵没商货，用抢掠来进行报复；或互相勾结，在沿海地区劫掠。嘉靖朝中期，东南沿海的倭患越演越烈，明政府被迫强化东南海防。

嘉靖三十一年，世宗以金都御史王忬提督军务，巡视浙江及福、兴、漳、泉四府。王忬到任后，在浙、闽沿海地区逮捕沿海各地的内线奸民，倭寇因而不知中国虚实，其在海中的船只，也得不到菽粟和火药，往往自行遁走。王忬又巡视未筑墙的府、州、县，建城三十余处，但不久他便被调任大同巡抚。嘉靖三十二年十二月，倭寇侵犯松江、常州、镇江等地，百姓流离失所，明政府拨发太仓州库银三万六千二百两、嘉定县库银八千四百两、上海县库银五万八千九百两，赈济灾民，同时免征当地自嘉靖二十七年至三十一年积欠钱粮。时任兵部尚书的聂豹上疏建议惩治抵御倭寇不力的地方官，同时任用善于带兵作战官员赴东南剿灭倭寇。世宗批准了聂豹的奏疏。于是，六科给事中王国祯、御史胡宗宪等弹劾总督何栋、总兵徐珏及以下数十名不称职官员，同时举荐南京兵部尚书张经总督江南、江北、浙江、山东、福建、湖广诸军，负责剿灭倭寇。张经到任后，慷慨自负，扬言倭寇不足患。当时倭寇二万余人盘踞在松江府华亭县境内。张经选将练兵，筹划捣毁倭寇的巢穴。次年陆续调集两广土司兵，分配给总兵官俞大猷、参将汤克宽和游击邹继芳等，等援兵到达后，即展开决战。正在此时，明世宗采用工部右侍郎赵文华的建议，命他去浙江祭告海神，以镇倭寇，兼督察沿海军务，使问题变得复杂起来。赵文华来到东南，即催促张经出兵，张经自以为地位比赵文华高，不理会赵文华的建议。赵文华极不满意，竟密疏诬告张经乱用军饷，且贻误战机。

张经与赵文华之间的矛盾引起了聂豹的警觉。嘉靖三十三年十二月，聂豹曾上疏世宗，指出国家财赋大半仰仗东南，倭寇作难后，朝廷调兵遣将，积极备战三年，方设提督于浙江等处，后又加设提督于苏、松等地，又设总督兼理，将官而下增置二十余员，调募军队近自徐州、邳州、山东等地，远至广西、湖广等地，耗费巨大。自是大兵云集，灭贼指日可待，在此关键时刻，督抚诸臣应协谋共济，不可互相争斗。至于剿灭倭寇的方法，聂豹认为御夷之道应守备为先，攻战次之。中国与夷狄各有所长，不可用己所短攻敌之长，宜用己所长以胜敌之短。今江南各州县鲜有城郭，村落又缺堡垒，各通海地方，守卫官军名存实亡，因此要害不守。江南居民散处水滨，依江海者鼓楫可至，依陆地者舍舟可通，加之堡垒缺少，士兵军械陈旧，遇敌则逃亡。朝廷虽有严禁入海与倭寇交易的禁令，但福建、浙江等地士绅私自建造大船与倭寇交易，此前巡抚朱纨因执行海禁而死，法网遂撤，东南各省与倭寇贸易之风更盛。苏州府、松江府等沿海居民觊觎厚利，资助倭寇，所以倭寇占据崇明岛，据险与明军对峙。敌我两军在月浦交战，倭寇设伏，明军受挫，将军战死，士卒被俘，而各州县又不能禁止百姓与倭寇往来。因此，他建议明令百姓不得与倭寇交往，修建营垒壕堑等军事设施，训练士卒。倭寇少时则遏要冲以战之，多时则凭险据守，以使其勇无所施，兵无所用，劫掠无所获，进有腹背受敌之险，退有首尾难救之患。同时，严令地方官员和驻军执行海禁，各府州县官员可用者留之，不可用者去之，违法与倭寇交往者以军法从事，至于督抚大员不称职者，由巡按御史核实弹劾，决不姑息。唯有如此，东南倭寇之患方能平定。聂豹的建议被朝廷接受，世宗下旨由张经督率东南官员，调兵遣将，平定倭患。

尽管张经与赵文华的矛盾依旧紧张，但在聂豹居中调度下，张经积极备战。嘉靖三十四年五月，永顺、保靖苗军已到，倭寇自柘林侵犯嘉兴，张经派参将卢镗从水陆两路进攻，于石塘湾大败倭寇。倭寇行至王江泾，张经又令永顺、保靖土兵夹击，斩首二千级，倭寇大败。余寇奔窜柘林，纵火焚巢，驾舟二百余艘出海而逃。张经指挥作战，取得王江泾大捷，一时称为自有倭患以来最大的胜利。

第七，在抵御北方蒙古人和东南倭寇袭扰的同时，聂豹还积极用兵西南诸省，平定因改土归流引发的西南少数民族的叛乱。自元朝开始，中央政府在云南、贵州、两广、湖广以及四川等地苗、瑶、彝、傣等少数民族聚居区设立土司制度进行管理。明朝延续了元朝的土司制度，在西南诸省设宣慰使、宣抚使、安抚使、土知府、土知州、土知县等官职。这些土司官职，大多由各族的首领世袭。土司的世袭性造成割据势力的事实存在，土司间为争夺领地、承袭权而仇杀、内讧。自明朝中期开始，中央政府积极在西南诸省矛盾比较突出的地区推行改土归流。所谓改土归流，是指改土司制为流官制。土司即原民族的首领，流官由中央政府委派。改土归流的主要内容是改土司为府、州、县，由中央派官员治理，或废府、州、县中的土官，全部由流官统治。同时丈量土地，额定赋税，设兵防守等。尽管如此，改土归流政策依旧引发了西南少数民族的抵抗，广西、湖南、湖北、四川、贵州、云南等省的叛乱层出不穷。嘉靖六年（1527）年初，广西思恩、田州地区爆发了瑶、侗各族反对改土归流的叛乱，聂豹的老师王守仁奉命领兵平叛。次年十一月二十九日，王守仁病逝于平叛军中。

聂豹任职兵部期间，西南少数民族反对改土归流的叛乱越演越烈。为平定叛乱，聂豹听取了当时总督湖广、贵州、四川军务的兵部左侍郎张岳的建议，在沅州（今湖南怀化市境内）建军事指挥机构，凡湖湘川贵附近司道府卫土司官员，皆听其管辖。又因蕲春、黄州为湖北咽喉要地，江西德安拱卫留都南京，两地所属州县与江西、河南接壤，且处于深山密林之中，盗贼出没，于是聂豹采纳有关督抚建议，比照湖北郧阳、襄阳，添设守备一员，驻扎其间，以防万一。

面对明朝嘉靖年间动荡的社会局面，时任兵部尚书的聂豹为应对北方蒙古、东南倭寇、西南苗乱，四处调兵遣将，御敌平叛，但身为王守仁的第一代弟子、嘉靖年间著名的王学学者，聂豹并未因政务军务繁忙而忘记传播和推广王学。灵济宫讲会是这一时期聂豹推广王学的重要举措。灵济宫是北京城西城的道观，始建于明永乐十五年（1417），供奉五代徐知证、徐知谔二位真人。灵济宫讲会最早开始于嘉靖二十三年（1544），当时举人罗汝芳入京参加会试时，与徐波石、颜中溪、王西石、赦梦坡、谭二华等人大会于灵济宫。

嘉靖年间，聂豹任华亭知县时的学生徐阶逐渐成长为嘉靖朝中的重要官员。徐阶担任各级官吏期间，不遗余力地推广王学。嘉靖三十一年，徐阶加少保，进兼文渊阁大学士，入阁预机务。嘉靖三十二年会试，徐阶联合在京身居高位的阳明学者，如兵部尚书聂豹、礼部尚书欧阳德、吏部左侍郎程文德等人，趁会试天下学子齐聚北京之际，利用朝廷的力量推广王学，在京城道观灵济宫举行讲会，史称灵济宫讲会。由于这次讲会的组织者多是当朝高官，且程文德任会试考官，所以这次讲会堪称明朝王学史上档次最高、规模最大、影响范围最广的讲会。参加这次讲会的知名学者有周俨山、顾桂岩、李近麓、柳洞阳、向望山、李一吾、瞿昆湖、吴泽峰、戴浑庵、贺少龙、王敬所、何善山、张西吾、何吉阳、张浮峰、王芳麓等人，同年会试的各地举子也纷纷参加这次讲会。据《明史》记载，此次灵济宫讲会的赴会者多达五千余人，时间长达两个月。嘉靖三十二年至万历初年，灵济宫讲会又数度召开，一系列的灵济宫讲会使其成为了京师推广王学的中心。

嘉靖二十七年，随着政敌夏言的倒台，困扰聂豹多年的贪污受贿案终于了结。次年秋，聂豹参加了王学学者在江南举办的冲玄大会。嘉靖二十九年，因平阳抵御蒙古入侵显示出优秀的军事才能，聂豹出任兵部右侍郎，嘉靖三十二年正月擢升为兵部尚书，至嘉靖三十四年二月致仕归家。大体来说，聂豹在这段时间的成就主要表现在以下两方面：

第一，聂豹在任职兵部，主持明朝军政过程中，表现出良好的军事才能，为抵御北方蒙古入侵、东南倭患、西南苗乱，作出了重要的贡献。身处乱世且主掌明朝军政的聂豹，为加强明朝军事力量，修建营垒、严禁请托、痛革积弊、弹劾庸官、选调将士、预储粮饷、屯驻重兵以控要害。尽管嘉靖朝的危机并非聂豹一人之力可以挽回，但通过上述举措，在一定程度上缓解了嘉靖朝的危机，聂豹本人也因此声望赫然。

　　第二，聂豹作为当时著名的王学学者，尽管在这一时期忙于政务，但并未因此而放弃发展推广王学，冲玄大会和灵济宫讲会是其中的代表。嘉靖二十一年任平阳知府期间，聂豹的归寂说已经趋于成熟。自平阳归家后，聂豹在王学中心江西地区推广这一学说，使之成为当时王学学者热议的问题。嘉靖二十八年，王学学者举办的冲玄大会上，聂豹的归寂说就成为讨论的重要内容。罗洪先、徐阶等支持归寂说的学者与王畿等反对者展开了广泛的讨论。之所以如此，原因在于聂豹的归寂说不仅是对王守仁心学思想的发展，更是针砭王畿等人的良知现成说流于空疏的时弊。聂豹任职兵部期间，联合当时在朝的文渊阁大学士徐阶、礼部尚书欧阳德、吏部左侍郎程文德等王学学者，利用考察及会试之年，各地地方官及与试举子咸云集京师之际，举办讲学活动，成功吸引了一大批士人来参与讲学活动，使平时分处不同地域的阳明学士人，也借此进行学术上的交流，极大地扩大了王学的影响。

第 4 章

归家与经世

致仕归家与安定乡里

嘉靖二十九年（1550），聂豹重新步入仕途，三年内连升三级，由右佥都御史擢升为兵部尚书，主掌军政。任兵部尚书两年后，六十九岁的聂豹称病乞休，归家休养，从此退出官场。

嘉靖三十四年二月，因在平定东南倭寇之乱的方法上违背明世宗的意图，聂豹被迫称病乞休。自明初开始，整个明朝一直存在倭寇问题。随着嘉靖年间倭患的加剧，明政府内部在解决倭患问题上，逐渐形成了对立的两派：一派主张严格海禁，清缴倭寇；一派认为要开放贸易，消弭战乱。这两派之间的冲突在"朱纨禁海"事件中发展到顶峰。嘉靖二十六年，明朝命右副都御史朱纨巡抚浙江，提督浙闽海防军务。朱纨到任后雷厉风行，着力整顿海防，严格执行保甲制度，搜捕奸民。在双屿岛之役中，拔除了倭寇及葡萄牙人在浙江的侵略据点；双屿岛残寇奔逃到福建浯屿后，他又指挥走马溪之役，消灭了倭寇在福建的侵略据点。嘉靖二十七年，朱纨将捕获的李光头等走私海商及海盗九十余人拉到演武场斩决。这样，浙闽两省通敌的豪强富商坐不住了，纷纷指责朱纨擅杀。他们在朝廷中的御史、给事中等政治代表也罗织罪名，混淆视听，纷纷弹劾朱纨。世宗竟然将朱纨撤职，命他回苏州原籍听候处理。朱纨得讯，悲愤交加，上疏说："纵然皇帝不想让我死，闽浙豪强必然杀我。"在为自己写好墓志铭后，服毒而死，终年五十七岁。朱纨死后，明朝罢设提督海防军务的巡抚御史或巡视大臣，于是海防更加空虚，海盗与倭寇的活动也日益猖獗了。

嘉靖三十三年，明朝任命南京兵部尚书张经总督东南各省军务，平定倭患。与此同时，世宗又任命工部右侍郎赵文华兼督察沿海军务。二人发生矛盾，致使张经被斩首。嘉靖中期平定倭寇之战告一段落。嘉靖三十四年二月，刚刚到任东南的赵文华向世宗上《陈备倭七事疏》：一是祀海神。海神庙远在莱州，遣官祭祀于江阴、常熟等地，以激励当地人抗倭。二是降德音。下令东南官员掩埋被倭寇杀死的百姓的尸体，减轻东南赋税，以施恩于当地百姓。三是增水军。多募淮扬壮健之士，修造战舰，以固海防。四是差田赋。苏州、松江等四府，一丁拥有田地超过百亩者，重科其赋，预征官田三年赋税，以筹募军饷。五是募余力。凡富家能向官府提供钱粮者，有罪者免罪，无罪者论功。六是遣视师。前方领兵打仗的将领，用重臣监督之。七是察贼情。招募以往通倭寇之人和沿海百姓，令其入贼巢侦察敌情。《陈备倭七事疏》到达兵部后，聂豹的批复是："祀海神、降德音、增水军、募余力、察贼情五项可实施；差田赋恐致扰民，不能实施；遣视师可以实施，但监督张经可由赵文华执行，不必另派人。"

尽管总督张经和督察赵文华二人有矛盾，但二人解决倭患的基本方法是一致的，都力主严格海禁，清缴倭寇，他们的区别在于张经主张先充分准备，后一战告胜，而赵文华主张速战。正当二人争论平定倭患的方法时，朝中主张开海禁派开始发难。昆山县致仕礼部侍郎朱隆禧上奏世宗，请求添设巡视福建都御史，并重开互市之禁，允许东南沿海与日本商人进行贸易往来。朱隆禧是明朝著名的奸佞之臣，以房中术献媚于世宗，《明史》将其列在"佞幸传"中。朱隆禧上疏后，世宗下旨：当今之世，蒙古人袭扰北方，东南有倭寇之患，赵文华与朱隆禧二臣之疏，方法迥异。此种形势，岂是为国之道？世宗要求兵部尽快上奏如何取舍。于是兵部尚书聂豹等人上疏：赵文华之疏中可行者已奏之，不可行者亦奏之。朱隆禧所奏添设巡视福建都御史，兵部诸臣认为当今之世已是官多扰民，不应再增设福建御史，至于开互市，此行是示弱之举，加之与蒙古人互市之事已被陛下否决，所以户部和兵部皆不认可。对于解决明朝南北战乱的方法，聂豹认为，自太祖以来，历朝都不将互市作为解决倭寇之患的方法，而是派官员镇守海防。当今平定东南倭患，宜缓不宜急，原因在于浙江、南直隶（江苏、安徽等地）兵力脆弱，唯有征调福建漳州、泉州等地的兵力方能

105

平定浙江、南直隶的倭患。然而福建漳州、泉州等地官兵大多思念故土，不愿远离，所以平定苏州、松江、浙江等地的倭患应相机而为。至于宣府、大同等地的战乱，只要群臣齐力同心，定能抵御蒙古入侵，倘不能成功，请治臣无能之罪。

总之，对于朱隆禧重开互市之禁的建议，聂豹持反对意见，对于赵文华的速战速决主张，聂豹亦不同意，而是认为张经的稳妥御敌之策可行。世宗看到聂豹的上奏后，再次询问具体的方法："今南北两欺，倭贼残害东南尤甚，昨下谕求平剿良策，聂豹等臣有何良策，请上奏。"于是聂豹再上平贼五策：一是制胜之本。群臣在内驾驭失策，诸将在外不堪其用，宜令群臣集思广益，厚赏兵将以使其尽力杀敌。二是周兵之术。倭寇侵扰，应以舟师御敌于外，倘若倭寇攻入内地，则令乡兵奋力抵抗，内外互成掎角，则战守皆利。三是散贼之党。令宁波、绍兴、漳州、泉州等府编立保甲制度，各级官员严格稽查，凡百姓出海皆要上报，百姓出海归来要详加检验，如有通敌者，一律施以连坐之法。四是足食之计。凡获罪之臣，其非法收入皆没入官府，以充军用。五是足兵之计。凡有罪之将，视罪之轻重，令其按期以功赎罪，若功满，可恢复官职，不满则原罪处罚。聂豹的平贼五策显然不符合世宗心意。世宗所求在于尽快平定东南倭患，如有可能，一并解决北方蒙古袭扰问题，所以当张经应敌以缓，而赵文华应敌以急时，世宗认可了赵文华的主张，而将打了胜仗的张经斩首。

纵观聂豹的平贼五策，以及他应对北方边患的方法，都可以看出聂豹与张经一样，都认为战事宜缓不宜急。张经因此丧命，聂豹亦因此丢官。聂豹上奏后，世宗龙颜大怒：你等执掌兵部，坐视南北边患而不能平定，及奉谕问，却夸夸其谈，用陈词滥调敷衍塞责。聂豹降俸两级，兵部侍郎翁溥等各夺俸半年，兵部郎中张重降一级调外任，其余兵部各官夺俸三月。同时命令诸臣尽快拿出剿贼安民之策，如再因循守旧，严惩不贷。嘉靖三十四年（1555）二月，世宗以南北多事，谕令吏部尚书和兵部尚书应慎选能干之臣，聂豹虽身为兵部尚书，但遇事推诿不当，命其回原籍休养。于是，聂豹引疾乞休，致仕归乡，从此退出官场。

《明史》曾评价聂豹任职兵部尚书的表现：当时，西北边境数度遭蒙古入侵，东南倭患又起，告急之书一日数至。聂豹本无应变才，只是由于与大学士严嵩同乡，其学生徐阶亦入阁，故受到世宗皇帝倚重。久而久之，战事日急，世宗深以为忧。聂豹终无御敌良策，上奏皆陈词滥调，世宗渐渐看出了他的短处，后将其罢黜。《明史》对聂豹的评价与《明实录》"嘉靖三十四年二月"条的说法如出一辙，但如果我们详加考证，可以发现这一评价有合乎史实之处，也有值得商榷的地方。

其一，就聂豹擢升为兵部尚书的原因而言，确曾得力于严嵩和徐阶的举荐，但聂豹本人的军事才能亦不容忽视。嘉靖二十一年六月，俺答率蒙古军袭扰山西，所过之处，明军或逃遁，或避战，蒙古军如入无人之境，甚至当时著名将领翁万达镇守的大同亦避而不战，整个山西唯有聂豹驻守的平阳府力拒蒙古军入侵。正是聂豹此时表现出卓越的军事才能，所以嘉靖二十九年，徐阶推荐聂豹巡抚顺天时，顺利得到世宗的批准。嘉靖三十一年，世宗启用当时的著名将领翁万达为兵部尚书，但翁万达未及到任，即于福建上杭病逝。翁万达死后，时任兵部左侍郎的聂豹顺理成章升任尚书。

其二，纵观聂豹任兵部尚书时的表现，虽称不上极有功于当时，但亦有可圈可点之处。在他的筹划下，加筑北京外城、重修长城沿线关隘、弹劾庸官、选调将士、储存粮饷等事项多有所成。在调查杨继盛弹劾严嵩一案时，严嵩虽是聂豹的老师，但聂豹也能公私分明，秉公执法，将严嵩的密信呈交世宗。

其三，将当时不能应对南北战乱的原因归咎于聂豹无能，是有失公允的。明朝嘉靖年间之所以北方蒙古人连年南侵，东南沿海倭寇袭扰不绝，关键在于明世宗对外政策的失误。嘉靖初年，北方的蒙古人和东南的日本人多次要求与明朝互市贸易，但世宗实行绝贡政策，严令禁止南北贸易，由此导致了南北战事连年不断。从聂豹应对南北之敌的举措看，他自始至终忠实执行世宗的强硬政策，反对重开南北互市，主张加强边防，抵御外患。然而，聂豹与世宗不同之处在于，世宗不顾敌强我弱的现实，主张速战速决，尽快缓和明朝面临的困境，而聂豹主张御敌以缓，通过修建关隘、训练士卒、严格里甲制，在准备充分后再与敌军决战。在对待张经和赵文华之争上，聂豹与世宗也有类似的对立。世宗反对张经御敌以缓的方针，甚至张经取得胜利后亦不免斩首，而聂豹则赞同张经的主张，因此招来世宗的不满，罢官在所难免。

总之，聂豹与严嵩和徐阶的良好私人关系是聂豹获得兵部尚书的助推力，但聂豹自身的军事才能亦是其中的关键原因，而导致聂豹罢官的原因并非其无能，而是不能满足世宗从速解决南北之患的愿望。

嘉靖三十四年春，称病辞官的聂豹自运河南下归家。聂豹沿途经过山东、两淮、苏州、松江、杭州、嘉兴等多年来屡受倭寇袭扰之地，目睹当地百姓生灵涂炭，深为感叹：江北山东、两淮，皆昔日富庶繁华之地，今凄然无生色。江南苏松杭嘉诸郡，亦为战场，百姓肝脑涂地，城镇瓦砾成堆，惨状目不忍睹。百姓即使躲过倭寇劫掠，又要遭受官府催粮征饷的盘剥，饥不得食，劳不得息，悲惨至极。为逃避战火和官府的盘剥，不少百姓甚至自焚其庐，逃亡他乡，以示永不回之决心。聂豹见此惨状，质问当地官员，当地官员皆认为这是执行上司不善之政所致。对此，聂豹自责曰：地方官员执行的不善之政，皆自己所为，其害当自己承担，不应祸及百姓。

据记载，当地官员曾问聂豹如何抵御倭寇的入侵，聂豹教之以孟子制梃以挞秦楚之法。《孟子》中记载：魏国的梁惠王因为先后败于齐国、秦国、楚国，引以为耻，想为死者报仇雪恨，便跟孟子商量，孟子答道：战与否、成与败是由民意决定的。如果国王实行仁政，万民归心，乐意效死，即使拿着木棍也能痛击秦国、楚国的坚甲利兵。而秦楚因为失去民心，陷人民于水深火热，到时魏王去征讨就是解放人民，仁者之师无敌于天下，一定会胜利。聂豹此言一出，时人都认为他太迂腐了，被传为笑谈。事实上，任兵部尚书多年的聂豹深知当时明

109

朝所处的困境。自嘉靖以来，蒙古人年年袭扰北方各省，即使位于山西南部的平阳（今临汾市）亦不得幸免，嘉靖二十九年（1550），蒙古人甚至围困北京数日。南方海盗勾结倭寇，南至广东、福建，北至山东，西至江西、安徽，皆不得幸免。为应对南北战祸，明政府不顾百姓的死活催粮征饷。如赵文华曾上疏世宗，建议在苏州、松江等地预征三年赋税以助军需。连年的战争极大地加重了百姓的负担，素有江南鱼米之乡之称的苏州、松江、嘉兴、杭州等地都民不聊生，更不用说其他省份。鉴于此，当被问及抗击倭寇之法时，聂豹告之以仁政之法。可以说，聂豹此言绝非迂腐，而是深忧百姓之苦，告诫地方官员不能任意兴兵而不顾百姓死活。历经三个月辗转舟车，聂豹进入江西境内。距家乡永丰县百里之遥时，上至宗党、姻亲、耄耋士庶，下至工匠、僧道、贫孤，皆沿途迎接聂豹归乡。

尽管聂豹的家乡地处江西南部，远离各处战场，相对其他地方而言尚属安定，但明朝动荡的政局也影响到这里，百姓赋税负担加重，各县匪患不绝。聂豹归家后，积极维护地方治安，多次致书江西地方官，请求剿灭地方匪患。永丰县位于赣南山区，非水陆交通要道，北无虏祸，南无倭患。虽然平时乡间偶有鸡鸣狗盗之徒，但称雄作乱者，数百年间未曾有过。永丰县盛产谷粟鱼米，与临近乡里亦无冲突，故素有乐土之名，乡民相安无事。然而明武宗正德年间以来，当地官吏常常横征暴敛，肆意克扣，百姓负担日盛一日。往日平静的乡间，诉讼日益增多，地方官员以刑罚威逼百姓，残酷暴戾，各种囚犯充斥官府监狱。嘉靖以来，福建、广东、湖南等地匪患不断，使得江西各地亦深受其害。东至汀邵、建昌、南丰等地，西至南赣、石城、南康、兴国等县，皆受其害。

聂豹归家以后不久，福建山贼入侵永丰县，百姓卧不安枕达一月有余。江西巡抚上奏征剿，朝廷派范钦提督南赣军务，领兵剿匪。奉旨剿匪以后，范钦仔细盘算敌我情形，不露声色地准备器械粮草，调查山川远近险要，以待时机成熟，起兵剿匪。在范钦的领导下，百姓群起响应，声势浩大。山贼暗中侦探官兵虚实，得知实情后，十分惊慌，谋划逃避之计，但是四处道路皆被范钦派兵封锁，只得下山投降。范钦初闻山贼投降，以为是诈降之计，派官员入山贼巢穴以探究竟，山贼发誓再不为患乡里，范钦方才将其放归乡里，责成地方官员严加看管，以防再次作乱。范钦受降贼兵后，聂豹致书范钦，称赞其从容应对，于数日之间，即平定叛乱。同时告诫范钦：山贼真有悔悟之意，未尝不是好事，但山贼一向狡猾，反复无常，不会轻易投降悔过。自王守仁正德年间荡平福建赣南等地的山贼以来，近三十年间无有叛乱，近年来再次嚣张作乱，如果不严加清剿，恐怕会中山贼诈降之计，期望范钦能详查贼兵投降内情，以防日后再起祸患。

概而言之，嘉靖三十四年（1555）年初，聂豹因违背了世宗尽速平定倭患的意图而被迫称病辞官。事实证明，在平定东南倭患的过程中，聂豹料敌从严、用兵宜缓的方针是可行的。按照聂豹这一方针，张经取得了王江泾大捷，但是世宗妄图尽快平定各地战乱，所以聂豹罢官，张经被杀。赵文华按照世宗的意图轻率举兵，并未取得预想的结果，且劳民伤财。聂豹罢

111

官后，明世宗任用戚继光主持东南军务。事实上，戚继光在平定倭患的过程中，也是按照聂豹料敌从严、用兵宜缓的方针，在作好充分准备后，方起兵灭倭。

复古书院与推广王学

致仕归家以后，聂豹完全摆脱了政务的烦扰，一意与吉安王学士子讲学交流，传播推广王学。嘉靖三十五年（1556）十一月，郭应奎、李罗山、曾忭、陈两湖、胡尧时拜访聂豹。郭应奎是嘉靖八年进士，官至浙江嘉兴知府，师从明朝著名学者湛若水，并与聂豹、罗洪先等人交好。曾忭是嘉靖五年进士，同年于越中拜王守仁为师，留绍兴问学一月有余。嘉靖十五年被贬斥为民，此后一生未仕。乡居期间，曾忭每年与吉安府王学同志讲学于青原、白鹭洲、云津、古城等书院，晚年在家乡建聚和书院。胡尧时也是嘉靖五年进士，曾拜王守仁为师，后授淮安推官，擢兵部给事中，官至贵州按察使。任贵州按察使期间，在贵州刊印王守仁的著作。李罗山、陈两湖二人履历不详，但可以推断也是吉安府王学学者。

嘉靖三十五年，陈九川拜访聂豹。陈九川是正德九年（1514）进士，嘉靖年间任礼部郎中。王守仁赣南剿匪时，陈九川拜入其门下。王守仁殁后，陈九川亲往绍兴祭奠王守仁，之后帮助照料王守仁身后之家事。嘉靖三十六年，江西督学王宗沐介绍其门人徐生访聂豹。王宗沐是嘉靖二十三年进士，拜王守仁之徒欧阳德为师，是王门第二代弟子。据聂豹说，王宗沐平日热衷于学术讨论。聂豹认为王宗沐的这一做法不妥。他说：近年来学习王守仁良知之学的四方之士争论不休，只知在知觉之间寻找良知，而不知在自家心中存养良知。《老子》曰："谷神不死，是谓玄牝。玄牝之门，是谓天地根。"良知如谷神，是天地万物的根本。老子继承黄帝之说，孔子以"戒慎不睹，恐惧不闻"承接老子之说，二者言辞虽有差距，但其意相同。不睹不闻即是未发之中，它超然万物之外而主宰万物，所以是天下之根本。戒慎恐惧是立本之法，本立则万物各得其位。后世学者不理解不睹不闻和戒慎恐惧的重要性，而在日用之间、讲学之中寻找良知，是舍本逐末之举。据此可见，致仕归家的聂豹在吉安享有很高声望，成为当地学子问学的核心人物。

归家后的聂豹不仅在家接待四方来访学者，而且与吉安当地著名王学学者邹守益、罗洪先、刘邦采等讲学于复古书院，探讨王学宗旨。复古书院是嘉靖十五年王守仁的门人程文德任安福知县时所建，热衷于在此讲学的是王守仁的得意弟子邹守益。复古书院的创建，对江西王学的传播，首开风气之先，实居奠基之位。事实上，在复古书院建立之前，嘉靖五年，吉安当地王学弟子就已经创办"惜阴会"，每两月聚会五日。嘉靖十二年七月，邹守益集合吉安王学同志于青原山，探讨君子之学；嘉靖十三年，邹守益再次集合王学同志于青原，在乡士大夫皆与会，约二百人，讲学之风盛行一时。在惜阴会与青原讲会的基础上，复古书院的建立，对江西王门学者是一大鼓舞，从此，王门学者有了固定的聚会之所。复古书院不仅规模大，论辩自由，学风盛，而且讲学颇有制度，是江西王学传播的中心之一。

在复古书院兴建之初，聂豹作《复古书院记》，记载书院兴办的过程以及"复古"之名的来历。聂豹指出，当时有志之士热衷于王守仁之学，唯江西最盛；江西之盛，首推吉安；吉安之盛，首推安福，所以在安福县建立了王学书院。复古书院在安福县城南门外一里处，由邹守益倡导，知县程文德支持兴建。书院由殿堂、斋舍、廊阁等组成，几榻、器用等一应俱全，又有田地若干亩，以供书院支出之用。举办讲会时，设会长若干名，与会人员数十人，集中讨论良知之学。书院题名"复古"，其意在于以古人问学精神为榜样，追求良知之学的真谛。聂豹认为，学问有古今之分，故百姓有古今之分，治理百姓的方法也有古今之分。当今之世，欲恢复古人以仁政治理百姓的方法，当使百姓有古人的风范，欲使百姓有古人的风范，当恢复古代的学问。古代学问的精义在于"执中"一词。所谓"执中"，就是在静修中存养喜怒哀乐未发之中。当今之世，记诵、辞章、科举之学盛行于天下，学子无不追求富贵利禄，而忘记"执中"之意。先师王守仁为纠正当今俗学的弊端，毅然创立以良知为宗旨的学问体系，并在东南诸省推广。今将书院题名"复古"的目的在于远追古人"执中"之学，近求王守仁良知之学。

嘉靖三十七年（1558）春，邹守益、罗洪先、刘邦采等人讲学于复古书院，聂豹与他们辩论寂感之意。同年夏，诸人再次聚会于此，作《同心卷》一文。该文现已不存，但王畿的

《书同心卷册》记录了大概内容。万历二年（1574），张元忭因父病请假，由北京归故里，在绍兴云门山中修习静坐之法。五月二十日，邀请王畿至云门山相会，二人论学三日。张元忭出示北京王学同志离别赠言，请王畿评价上述说法，王畿作《书同心卷册》。张元忭出示北京诸同志赠言应该就是嘉靖三十七年夏复古书院讲会中形成的《同心卷》。由于该卷记录了聂豹和罗洪先的主静之说，同时张元忭此时又在云门山中习静，所以王畿的《书同心卷册》着重讨论了静修问题。王畿首先申明，宋明理学中的静修之法源自周敦颐，接着他指出文中所讲的"翕聚缉熙"功夫，实即聂豹和罗洪先的主静修养之法。对于这种修养方法，王畿首先肯定其价值。虽然良知本是每一个人心中先天固有之物，原本不需要修证后才能获得，但如果人们不时时以静修之法存养良知，而任由主观感情支配自己的活动，那么良知依旧不能保全。但王畿也指出，静坐不是唯一的道德修养方法，不同的人应当采用不同的道德修养方法，或于言行举止之间磨炼之，或通过静坐修养之，或动静之法皆采用之，无论采用何种方法，只要存养良知的目的能实现，就是好方法。不过王畿话锋一转，开始批评静坐之法，他认为静坐只是权宜之法，在实际的道德修养过程中，如果只是流连于静修，而不知动静交替，就如同树木只经历严寒而没有和风旭日哺育，其结果可想而知。

嘉靖三十七年，聂豹与王畿展开了明朝思想史上的一次著名的学术讨论。王畿首先作《致知议略》一篇，申明其观点，聂豹作《答王龙溪》（也称《致知议略》）一篇，针对王畿的

《致知议略》进行逐条批驳。对于聂豹的批驳，王畿又作《致知议辨》一文反驳之，聂豹再撰文反驳之。这场辩论双方各撰写两篇文章，历经两番驳难。关于王畿的第一篇《致知议略》的写作时间，学术界有不同的看法。日本学者福田殖认为该文作于嘉靖三十四年聂豹罢官归家之时，其根据是王畿在《致知议略》中说，徐时举奉江西督学王宗沐之命前往杭州天真书院祭奠王守仁，分别之时，徐时举拿出聂豹、邹守益、罗洪先三人撰写的赠言，请求指正。福田殖认为这里的徐时举是徐应隆的字或号，"前往杭州天真书院祭奠王守仁"一事在《王守仁年谱》附录的"嘉靖三十四年"条中有相似的记载，故断言王畿《致知议略》作于嘉靖三十四年。国内学者吴震不同意这一观点，认为王畿《致知议略》作于嘉靖三十六年以后，其根据是王宗沐督学江西是在嘉靖三十六年，《王守仁年谱》所记嘉靖三十四年有误。至于聂豹的《致知议略》，当作于嘉靖三十七年春以后。此外，聂豹与王畿的这场辩论所涉及的问题，也有不同的记载。王畿的第一篇《致知议略》全文共八条，聂豹《致知议略》对该文逐条批驳，却有十二条，较前者多出四条。其中第八条至第十二条所引王畿语未见王畿的《致知议略》。王畿的第二篇《致知议辨》，全文共有九条，聂豹的反驳共二十六条，其中所引王畿之文，除有重复之外，较王畿的《致知议辨》共多出十一条。

聂豹与王畿的这场辩论是王守仁去世后王门弟子的一次重要辩论。王畿自称《致知议略》和《致知议辨》二文详细说明了王守仁之学的精神。罗洪先评价聂豹的《致知议略》可以与孔子的《论语》相媲美。近现代著名学者牟宗三将二人的争论归纳为九个问题：一是现成良知之辩，二是乾知之辩，三是独知之辩，四是寂感之辩，五是不学不虑之辩，六是空空之辩，七是格物有无功夫之辩，八是告子生之谓性之辩，九是余辩。以上九个论题集中在良知是否为心的最高本体和良知能否对身心起主宰作用上，其实质是二人对王守仁之学的宗旨有着不同的理解。从聂豹与王畿的这场辩论中可以看到，聂豹虽尚未越出心学的藩篱，但他借助于程朱理学的思想资源，加上自己富有创造性的理论思考，发展出一整套全新的王学理论体系。这既反映了聂豹在明朝思想史上的地位，又说明了当时王学内部分化，呈多样发展的趋势。

由于聂豹与王畿的这场论辩是明朝王学发展史上的一件大事，所以论辩结束的当年，聂豹的弟子郭汝霖即将聂豹的《致知议略》刊刻出版。嘉靖三十七年，时任吏科给事中的郭汝霖奉旨出使琉球，出发之前回乡探亲，拜见恩师聂豹。聂豹出示《致知议略》，称自己虽垂垂老矣，但仍然关心此事，嘱托郭汝霖付梓刊行，与王学同志共商量，以待后人评说。

嘉靖三十五年聂豹致仕归家后，此时虽已是耄耋老者，但授业讲学依旧。这段时间，聂豹除在家中接待各地来访学者，还积极参与复古书院举办的讲会。虽然复古书院讲会的资料现已不完整，但透过王畿的《书同心卷册》，我们可以发现聂豹的归寂说是复古书院讲会的重要话题，这足以说明聂豹此时在王学学者中的地位。就在聂豹参与复古书院讲会的同时，他与远道来访的王畿展开了一场影响深远的论辩——《致知议略》

论辩。在这场论辩中，聂豹和王畿往复数个回合，就王学中的核心问题展开了深入的讨论，其中既涉及了什么是良知的问题，又探讨了道德修养的方法。由于二人的基本学术立场有着根本的区别，所以他们二人都无法说服对方，这也说明了在王守仁去世后的二十年左右，王学就开始出现了明显的分化，不同派别的王学后学站在各自的立场，对王学进行了多角度的诠释，展现了当时矛盾、复杂而又色彩缤纷的学术思潮。

赋税改革与王学经世

聂豹辞官回家之时，明朝正经历着连年战争，加之大兴土木，财政经济已经到了崩溃的边缘。此时的明政府为增加财政收入，在各地陆续推出了清查庄田、还田于民的赋役制度改革，目的是抑制土地兼并的发展，增加国家赋税收入，平均百姓的负担。聂豹归家后，其家乡永丰县所在的吉安府正进行土地丈量和赋役改革。此时的聂豹虽已年过七旬，但积极参与其中，将王学的理念运用到经世致用的社会改革中，实现了王学经世化转型。

在明朝历史上，土地丈量一向是极其复杂且影响重大的事情。由于政府对赋税与徭役的征收主要凭借人丁与田地的记录，而作为赋役征收对象之一的田地丈量工作，也随着赋役制度的改革相继展开。明初开国之际，明太祖曾派遣士人前往江南各地进行田地调查，并以调查结果编订鱼鳞册作为赋役征收的根据。随着时间的推移，原先编订的鱼鳞册发生与现实脱节不合之处，尤其是富势之户与书吏勾结，田地飞洒和诡寄的问题日益突出。所谓飞洒，是指富势之户勾结官府，将田地赋税化整为零，分散到其他农户的田地上，以逃避赋税的一种手段。所谓诡寄，是指农民将自己的田地伪报在他人名下，借以逃避赋役的一种方法。于是大范围的土地丈量已是不可避免的趋势。丈量工作主要是针对田地诡寄的问题，以及一些新开发但未列入鱼鳞册中的土地，目的在于解决鱼鳞册登记内容与实际状况之间的落差，以及诡寄所带来的贫富不均的问题。尽管明朝大规模的丈量工作主要在万历年间，但早在嘉靖年间一些县府便已经陆陆续续展开规模或大或小的丈量工作，其中又以聂豹的家乡吉安府为时最早。台湾学者张艺曦在《社群、家族与王学乡里实践——以明代中晚期江西吉水、安福两县为例》一书中，对吉安府土地丈量和赋税改革有详尽的描述，现择要如下。

吉安府从宋代以来便是与南昌府并称的江西最重要的谷仓地区之一，但在明朝却人口过密，地少人多，即使万历年间重新丈量土地面积，吉安府土地面积也只比明初增加了 13% 而已。16 世纪以后，地方豪强不断买入田产，与官吏勾结，飞洒、诡寄之事层出不穷，造成贫富不均、田土图册与实际不合等问题，导致诉讼频繁，百姓流亡他乡，甚至啸聚山林。为解决上述问题，嘉靖十年（1531），江西安福与河南裕州两县首行丈量示范。明朝廷决定以安福为示范丈量时，吉安王学学者邹守益愿意参与此项工作，于是便以邹守益为首，王学学者协助当时的吉安府开始了丈量及其相关工作。

在丈量进行过程中，谁来丈量是关键。由于赋役制度发生问题的原因常跟豪强地主与官吏的勾结有关，所以若是交付官吏丈量，问题难以得到根本的解决，在此王学学者于是发挥了作用。邹守益登高一呼，很快聚集了当地四十多位王学师友，共同协助丈量。由于丈量涉及许多实际利益的分配，所以有人得利势必就有人利益受损。邹守益原本打算借丈量之机解决田地飞洒、诡寄的问题，自然对百姓有利而对富户有碍，因此丈量之始便争议频传。由于这一段风波，丈量工作推迟了五年，其间知府也换过两任。官方的态度是解决地主非议的关键，因此邹守益联络倾心于王学的各级官员，希望获得他们的支持。其中毛伯温和朱纨发挥了重要的作用。吉水人毛伯温当时官居左副督御史，此刻正在乡居家乡吉水，他跟王学学者颇多往来，在学术立场上也倾向王学。朱纨也倾向于王学，并与当地王学学者颇有交情。朱纨当时任右参议，他亲自率领官吏监督丈量，方才弭平争议，加上知府屠太山能够酌情处置，整个丈量工作终于完成。

尽管丈量已经告一段落，但仍有其他后续工作等待进行，尤其是相关的赋役改革工作更是当务之急。大约有三项工作，即沙米、水马夫役、驿递。沙米指的是明初赋役制度定制以后新开发土地的租税，这类土地的租税较一般田地低。明初安福县一年有一千多石的配额，但在丈量完成以后，知府何其高一举除去这个配额，原本以沙米征收田地也一律与其他田地均派征收，于是安福一年须上缴的税额突然增加五百余两，四年下来更多达二千余两，地方百姓以为这是丈量所致，纷纷指责丈

120

量加赋，使得邹守益在嘉靖二十年（1541）上疏请求江西巡抚汪元锡恢复沙米原额。水马夫役是指明朝省、州府要求各县分担的、用于官府水陆交通使用的差役，用于水路交通的差役称为水夫役，用于陆路交通的差役称为马夫役，二者合称为水马夫役。以安福县为例，明初以来的水马夫役共一百五十八名，嘉靖十三年增加三十三名，共一百九十一名，后来又增加至二百九十三名，较之于明初定额增加了一百三十五名。由于每名水马夫役一年需要耗费白银百两以上，安福县加派一百三十五名等于每年必须多缴一万多两白银。驿递是指明朝各县负担的驿递费用。自明太祖朱元璋开始，各朝极为重视驿递机构的建设，构筑了一个以京城为中心的全国性交通网络。要保持庞大驿递系统的畅通无阻，需要投入巨额人力物力，而所需人力物力均向百姓征派。明武宗正德年间以后，政府一改以往要百姓亲自服役的做法，逐步折征银两，雇人代役。嘉靖年间，水马夫役和驿递多折算银两，随同田赋一并上缴，因此土地丈量影响的不仅仅是田赋的多寡，各项差役负担也直接与其相关。

继安福县之后，吉安府其他各县也相继行丈，其中永丰县是在聂豹与知县金清的合作下进行丈量的，关键的丈量决定都由聂豹作出。虽然邹守益在嘉靖年间以王学学者的身份领导安福县的丈量与赋役改革，但他的一些做法却招致聂豹的抗议。聂豹认为安福县丈量土地之后，将一些赋役转嫁到永丰县上，尤其是永丰县承受安福县所转嫁的水马夫役和驿递之银，对永丰县不公。聂豹致书邹守益，提醒他不应对安福与永丰两县有所轻重。为了解决水马夫役的问题，聂豹痛责吉水"以邻为鑿"，与罗洪先间的关系一度紧张。值得注意的是，聂豹致仕归乡前，永丰县无人领导相关的赋役改革工作，使永丰县百姓虽受害却难以申诉。聂豹归乡不久，马上收到地方士民的陈情，遂代为上奏，所陈情者都跟水马夫役问题有关。聂豹在陈情中，要求扩大水马夫役的均摊范围，在吉安府按照田亩均摊，而不是以往由各县负担，即聂豹主张的"论粮均差"。

所谓"论粮均差"就是按照田赋的多少平均差役的费用，田赋多者多交差役银，田赋少者少交差役银。邹守益反对以"论粮均差"为单一原则，认为各县田赋税额轻重不一，若是论粮均差，则田赋高的县份势必分配较高的水马夫役。邹守益举庐陵为例表示，庐陵县田地税粮每亩不过五升，轻者更只有四升或三升而已，安福县每亩则征收九升六合三勺，几乎是庐陵的两倍，同样的田亩数，安福县则须缴纳将近两倍于庐陵县的税粮，若再"论粮均差"，即连负担的水马夫役也是庐陵的两倍之多了。邹守益一再上书有关官员，成功阻止了"论粮均差"之议。吉水罗洪先在嘉靖三十八年（1559）也为水马夫役请命，同样得到宽免，许其抽其水马夫银四百五十两，置入里甲总数。明朝社会基层组织以里甲为单位负担的徭役称里甲役。安福、吉水解决了本县水马夫役的问题，不想却苦了永丰县。聂豹指出，永丰县三十余年来，每年已经为各县负担水马夫役和驿递一千八百九十余两，如今吉水县减免四百五十两中的一百六十一两又加派过来，更使百姓不堪承受，于是向官方申诉，但仍遭遇来自安福、吉水两县的阻力，两县反对"论粮均差"，于是聂豹致书邹守益讨论此事。

聂豹在写给邹守益的信中，首先追溯指出里甲役本是以里甲轮年派银，但成化年间以后，户口消耗，里甲解散，所纳之数不足官方花费，于是嘉靖初年盛应期任江西巡抚时，改行里甲均平之法。其法首先将吉安府全府九县丁粮加总，然后以丁折粮，算出九县丁粮共四十九万一千八百九十四石，均分十年，则为四万九千一百八十九石，于是每石每年派银三钱五分，此即里甲均平。所以里甲均平本是按里出纳，非以田赋征收，即使按里出纳，也跟每里丁粮高低无关。所以邹守益以田赋高低为由反对"论粮均差"，认为它违背了当年里甲均平之法的初衷。聂豹对邹守益所称安福县田赋之重几乎是庐陵两倍的说法也有疑义，他主张田亩既有上中下等之分，田赋当然有轻重之别，不应以此为由阻挡实施"论粮均差"。聂豹认为邹守益忽略了田等之别，所以才抱怨田赋有轻重之分。他更指责邹守益说庐陵县与安福县的田赋有五升与九升六合之差，恐怕也非事实。

以上是聂豹、邹守益二人见解的差异所在，此一差异造成各县加派银两的多寡有别。若如聂豹所说，立法之初每石派银三钱五分，此后加派增多，遂致各县加派银至五六钱之多，永丰甚至高达七钱四分，但因邹守益反对"论粮均差"，所以安福县仍维持三钱五分之旧额。这使聂豹颇为不平。安福县反对"论粮均差"的理由是安福田赋甚重，甚至高达九升六合。聂豹指出，这个数目有误，其实只有八升而已，相较于永丰县有七升的水准，两县田赋数目其实相差不大。对邹守益争辩的水马夫役，聂豹也另有说辞：官方处置安福、吉水两地水马夫役的方式，都是将其置入里甲总数，然后摊派给各县，所以并不单单增加安福县的负担，也不单单减少永丰县的负担，安福县若仍维持三钱五分的最初定额则对其他县不公平。所以，他在信末说邹氏家族源于永丰县，所以永丰也算是邹守益的故乡，他呼吁邹守益能本着"仁者爱人"的宗旨，将安福与永丰放在同一天平上考量。

由于邹守益的文集中未收入他与聂豹讨论此事的书信，所以我们没有第一手资料了解邹守益的回应，但仍可从侧面看事件的后续发展。聂豹除了与邹守益有书信往来外，也致函吉安府知府张元谕讨论此事。张元谕最后采纳了聂豹的建议，采用"论粮均差"的做法，但对安福仍采以特例，使其在丁、粮两者之间，粮的部分有所损，但以二丁折算一丁，则在丁的部分有所利，于是安福每年必须多派七百余两。至于水马夫役，据聂豹讲，安福可减一千余两，虽未必真是实情，但因资料不足无法深入讨论。聂豹也曾向吉安府推官部大经说明前后的经过缘由，认为邹守益只想到维护安福县的利益，而加重了永丰县的负担。

吉安的另一位著名王学学者罗洪先领导吉水县的丈量与赋役改革，聂豹对他在吉水县的做法也很有意见。吉水黄册原额成丁有十四万，此后丁有虚耗，但不登于册，下迄成化年间吉水实际只有九万丁，于是照实征册。嘉靖二十八年（1549），知县王之诰逐户核查，发现吉水只存七万丁，于是再照实征册存于官府中。不想汇总文册却仍载九万丁而未改，遂使吉水在次年仍须以旧丁的数额缴纳。再过两年，即嘉靖三十一年，吉水实征册竟夸张地以明初十四万丁的原额载入。罗洪先首先在嘉靖三十七年上书江西巡抚马森，表示当年九县通行减丁，但因各县缴册有先后，以致总会文册未载吉水减丁后的正确数目。罗洪先要求两事，一是希望能再核实丁额，一是表示吉水多出的赋役本应由各县分摊，但实际上吉水赋役却较他县为多。结果马森只针对第二点，允将吉水水马夫役四百五十两抽入里甲总数中由各县摊派。不想永丰聂豹却出面抗议，主张九县一致实行"论粮均差"，一切应以丁、粮为限，不应分摊他县多出的赋税，于是分摊也无下文了。聂豹的说辞在罗洪先看来毫无道理可言。所谓"不应分摊他县多出的赋税"之说，完全忽略了吉水县的困难，吉水县因无法负担多出赋税，常受官府指责，接待上级官府的花费每日高达数十两以上。罗洪先更循着聂豹的逻辑，表示既然九县一则，便请连秋粮也九县一则吧。次年，即嘉靖三十八年（1559），张元谕来任吉安府知府，基本上依聂豹议，以"论粮均差"派里甲役，由于"论粮均差"是将丁折算为粮以后，再跟粮额加总计算，于是罗洪先也不继续在秋粮或九县一则的问题上打转，转而根据其法，请求趁此机会清除吉水虚丁。最后的结果是罗洪先将吉水丁额九万减为七万，聂豹则为永丰省下了一千二百两的税额。

事实上，聂豹将王学的基本理念不仅运用在丈量田亩和改革赋税中，而且将其贯彻到制定乡约和宗族建设中。正德十三年（1518），在赣南剿匪的王守仁颁行了《南赣乡约》，这一乡约明确指出善恶在于人的一念之差，念头善则行为善，念头恶则行为恶，善恶利害系乎人心。因此《南赣乡约》注重教人在

125

心中下为善去恶的功夫，可以说《南赣乡约》是王守仁的良知说在社会治理中的具体运用。聂豹延续了王守仁在乡约中贯彻王学理念的做法。他在嘉靖十五年时就参与制定了《永丰乡约》。在《永丰乡约后序》中，聂豹指出赏罚在于法，是非在于心，所以明白人心是善恶是非的源头，在实践中以善心行事，则民间秩序良好，否则社会必不安定。聂豹不仅在乡约中贯彻王学理念，而且积极参与地方宗族建设。许多研究都指出，地方宗族对中国传统社会的影响极大，一个人首先是家族的一分子，然后才是朝廷的臣民，因此地方宗族建设关系到整个中国传统社会的稳定。在明朝中晚期，随着朝廷行政能力的日益弱化，明政府将权力部分让渡给地方宗族势力，以维系社会的稳定。事实上，没有地方宗族势力的配合，嘉靖朝吉安府的丈量工作是无法完成的。因此，聂豹特别注重地方宗族建设，在他的文集中，保存着为吉安地方家族撰写的多篇"族谱序"，这些序是王学参与地方家族管理的证据。

聂豹辞官归家后参与丈量土地和赋税改革，以及与之相关的乡约和家族建设，使我们看到了王守仁心学中不引人注意的一面——王学的经世化倾向。长久以来，人们将王守仁心学定位为心性道德之学，认为王学学者专注于探讨道德问题，留心于讲学，甚至不少学者认为王学不务实际的空疏学风是造成明朝灭亡的重要原因。但是通过考察聂豹在这一时期的所作所为，可以发现王学也有经世致用的一面，王学学者不仅擅长讲学，而且他们将王学的基本理念贯彻到乡村治理中，通过乡约和家族建设维护乡村的社会稳定，同时以王学为纽带，联系广大倾心于王学的各级官吏，积极维护乡人利益。

嘉靖四十年（1561）冬，七十五岁的聂豹痰疾复发，从此以后精神恍惚不宁。嘉靖四十二年十一月，聂豹痰疾再度发作，初四下午病逝，享年七十七岁。聂豹一生奔波于各地，先后任华亭知县、福建巡抚、苏州知府、陕西按察使、平阳知府、兵部尚书，每到一处皆用心于政事，然而去世以后，家无余钱，甚至不能招待奔丧的亲友。但是，聂豹以学问富有独创性著称于世，一生著有《巡闽稿》《知晋稿》《大学古本臆说》《被逮稿》《困辨录》《幽居答述》《致知议略》等多部著作，刻印王守仁的《传习录》、程敏政的《道一篇》、湛若水的《二业合一论》《大学古本》等书，同时热心于讲学授徒，弟子数百人，遍布江西、苏州、福建、山西等多省。隆庆元年（1567），朝廷赐聂豹太子少保衔，谥号"贞襄"。隆庆六年，时任南京礼部尚书的尹台将聂豹的著作合编为《双江聂先生文集》十四卷，刻印颁行。

第 5 章

聂豹的思想

思想来源

聂豹在嘉靖九年（1530）王守仁去世两年后，经钱德洪和王畿二人的见证拜入王守仁门下，但聂豹并未恪守师说，如《明史·聂豹传》称其与王守仁之学很不相同，黄宗羲的《明儒学案》也指出当时王门弟子认为聂豹背离师说，群起而攻之。之所以如此，原因在于聂豹并未接受严格系统的王学教育，其思想来源相当庞杂。

第一，程朱理学。宋明理学是由众多学派构成的庞大的思想系统。在诸多组成部分中，程朱理学和陆王心学是宋明理学最为重要的两派。程朱理学的主要代表是北宋的程颢、程颐兄弟（史称"二程"）和南宋的朱熹，故常称为程朱派。由于二程和朱熹以"理"为最高范畴，所以后人习惯于用程朱理学指称他们的思想体系。陆王心学是在宋代产生而在明代中期后占主导地位的以"心"为最高范畴的思想体系，代表人物为南宋的陆九渊和明朝的王守仁，故又称为陆王心学。心学与理学的对峙和辩论是宋明理学发展过程中一直存在的事实。

早在南宋时期，朱熹与陆九渊围绕着"尊德性"与"道问学"的关系、"无极"与"太极"的异同等问题展开了激烈的辩论。元朝以后，由于程朱理学被朝廷定位科举考试的依据，其地位和影响远远超过了心学，但心学与理学的冲突和对立并没有结束。王守仁致力于揭露和批评明以后程朱理学出现的弊端。其一，程朱理学日渐虚伪。元明两朝将朱熹的著作定为科举考试的基本依据，学术一旦成了获取功名利禄的敲门砖，其精神必将终结，古往今来概莫如此。士人们为了做官，谋取利禄，行不为仁义却要口说仁义，心不尚道德却要口说道德，满嘴的仁义道德，一肚子的男盗女娼，这使程朱理学不可避免地虚伪化。王守仁痛斥明朝的程朱理学流于虚伪，士大夫之流讲的仁义道德、忠信孝悌，求的是声色利禄、富贵权势。其二，程朱理学的知识化和支离化。传统儒学是一种伦理和道德之学，讲仁义道德和忠信孝悌的重心在行而不在言，在实践而不在知识，但是科举考试却重言而不重行，重辞章而不重实践。到明朝时，程朱理学日益知识化、支离化。对此王守仁深恶痛绝，背诵的文章越多，只能增长其傲气，见闻越多，只能更会诡辩，越会写文章，越会掩饰虚伪。为了对治上述流弊，努力唤起人心中的良知，王守仁极力提倡以"心"为最高范畴的心学。

事实上，聂豹少年求学时，所学并不是王守仁倡导的心学，而是程朱理学。聂豹幼年时，其父就对其抱有极大的期望，认为聂豹长大以后必定能光宗耀祖。成年后，其父更竭尽全力供其读书。聂豹深知其父的期望与辛苦，常私下说，我如不能中举，何以报答父母的辛劳。十六岁时，江西提学邵宝将聂豹取为生员。从上述经历中，我们可以发现聂豹早年致力于学习程朱理学。其一，根据明朝的科举制度，学子习程朱理学，考试以程朱理学为依据。明太祖朱元璋下令，学子应恪守儒家正统，以宋儒尤其是程朱理学家的传注为准则，否则便为异端邪说，文章虽好亦不录取，并且还提出今后务必以国家颁布的"四书""五经"《性理》诸书为学习和考试依据，从而以正宗儒学特别是程朱理学来统一士人的思想，规范和支配其行为。其二，将聂豹录取为生员的江西督学是明朝中期著名的程朱一派学者。《四库全书总目提要》卷三十三记载，邵宝常说极为佩服朱熹的"格物穷理"之说，常将其挂在嘴上。格物穷理是程朱理学的标志性口号，因此纪昀在《四库全书总目提要》中指出，明朝中期王守仁之学盛行之时，唯有邵宝大力提倡程朱理学。以程朱理学为宗旨的邵宝任江西提学时，大力提倡程朱之学。邵宝曾撰写并刊刻《大儒奏议》和《学史》二书，前者取北宋二程及朱熹的奏章汇编而成，后者取二程的历史观，归纳周朝至元朝数千年之历史事迹，二书皆供全省学子学习之用。明朝科举制度规定，提学官要考核学生，合格者给予生员资格，有参加乡试的资格，不符合要求者就辞退。因此，无论是明朝科举的大环境，还是负责江西生员教育的提学使邵宝的个人学术倾向，聂豹在早年求学时必然以程朱理学为宗旨。早年积累的知识必然在以后的思想创造上有所体现，聂豹的归寂说大量地吸收了程朱理学的思想资源，近现代学者对此多有说明。如嵇文甫在《晚明思想史论》中指出聂豹与朱熹"正相类似"。牟宗三在《从陆象山到刘蕺山》中也多次指出聂豹是承袭朱熹的说法而曲解王守仁所说之良知。日本学者冈田武彦在《王阳明与明末儒学》中亦指出，聂豹的归寂说远离了王学富有生命力的、流动的心学，而倾向于以静肃为宗的宋代性学。

第二，陈献章之学。陈献章是明朝思想史上的关键人物，黄宗羲在《明儒学案》中盛赞明朝学术自陈献章才开始高深，并称他与王守仁之学最为相近。的确，陈献章不仅提出了一个别开生面的宇宙观，建立了一个既承认客观物质世界，又高扬主体精神的心学体系，而且他还提倡独立思考，不以圣人是非为是非，开一代新风。可以说，陈献章是宋朝的程朱理学向明朝的王守仁心学转换的中间环节。具体来说，陈献章对心学的开创贡献主要体现在：其一，他重视心的作用，认为儒家之道先验地存在于人心，因此他主张学问的根本在于求心。其二，他提倡的"静坐"修养方法被王守仁继承，成为王守仁之学中的重要修养方法。陈献章认为通过静坐可以实现修养的目的，这一方法在王守仁早期思想中可以找到清晰的痕迹。

在聂豹早年求学的过程中，其家乡吉安府永丰县弥漫着浓郁的陈献章之学的气氛，一些陈献章的弟子们在永丰县大力推广其学说，使得聂豹自幼熟悉陈献章之学。明朝中期永丰籍学者罗伦与陈献章彼此仰慕，陈献章为罗伦撰写传记，对其推崇备至，称其为才大志大的豪杰之士。罗伦致仕归乡后，在家乡永丰积极推广陈献章的学术思想，罗伦去世之后，刘霖在永丰继续推广陈献章的学问。刘霖十二岁时随父亲居粤而得以面见陈献章，本欲拜陈献章为师，父亲因顾及他初学举业，命其拜陈献章弟子杨敷为师，后又数度旅粤向陈献章请教。刘霖在家乡永丰县积极推广陈献章之学，聂豹即是刘霖的得意弟子之一。聂豹在《祭中山刘先生文》《祭中山入乡贤文》中曾说，他与刘霖同心之德，至死方休。刘霖病危之际，聂豹来探望，刘霖拉着聂豹的手说："我们三十年的交情，到此为止了，幸亏彼此没有辜负对方。"由此可见，刘霖与聂豹情谊之深。

家乡学术氛围使得聂豹自幼便理解与王守仁有着密切关系的陈献章之学。聂豹晚年在《白沙先生绪言序》中自称与士友谈学时，言必称陈献章，并吟诵陈献章之诗以自娱自乐。在聂豹的代表作《幽居答述》中，他大量随手拈来陈献章之诗。不仅如此，聂豹还高度评价陈献章对王守仁的影响，认为在明朝学者中唯独陈献章和王守仁最为精深，甚至认为自宋代周敦颐、二程创立理学以来，陈献章得理学的精华，王守仁将理学发扬光大。由此可见，与王守仁之学有相当程度契合的陈献章之学，通过罗伦、刘霖等人在永丰的大力推广传授，使得聂豹很早就研学了这种学问，当他后来进一步全面接触到王守仁之学时，很自然地接受了王学。

第三，《易经》。聂豹之所以重视并利用《易经》的有关卦辞，与他早年熟读《易经》有关。据记载，聂豹三十岁中乡试时，便是以《易》中举，次年又以此进士及第。按照明朝的科举制度，考生可以依据平日所学的经书不同侧重，只要选取《诗》《书》《礼》《易》《春秋》中的任一种，完成考试题，以《诗》完成经义题而中试者，称为以《诗》中举，以《书》完成经义题而中试者，称为以《书》中举，依此类推。聂豹以《易》中举，说明他是以《易》为基础，完成四道经义题。由此可见，在"五经"中，聂豹平日用力最多、最擅长的是《易》，所以他在日后的思想创造过程中，大量地利用了《易》的思想资源。

阅读聂豹的著作，我们可以发现他对《易》有着特殊的感情，在他的著作中引用《易》中的文字比比皆是。聂豹的好友罗洪先曾指出"先生（聂豹）爱周易，三绝事不殊"。聂豹晚年所作《困辨录》中就有《辨易》篇，可见聂豹对《易》有极深的研究和体验。聂豹对《易》的研究，偏重于咸卦、复卦与艮卦三卦。依聂豹的理解，咸卦侧重于讲良知的虚寂性，复卦侧重于讲道德修养的方法，艮卦即是对二者的综合。

第四，王守仁之学。聂豹最早与王阳明的交往发生在嘉靖五年（1526）。这一年，聂豹至浙江拜见王守仁，王守仁教之以良知之学。聂豹于是立志于此，其后又以书信问学于王守仁，王守仁深叹聂豹求学的意志坚定，特地回复书信。这是聂豹唯一一次与王阳明直接接触的经历。嘉靖七年春，聂豹再一次致书王守仁。《聂豹文集》和《传习录》中保留有聂豹与王守仁问答的书信。根据书信内容分析，《传习录》中的《答聂文蔚一》是王守仁回答聂豹于嘉靖五年问学的回信，《聂豹文集》中的《启阳明先生书》是聂豹在嘉靖七年问学之信，《传习录》中的《答聂文蔚二》是王守仁回答聂豹于嘉靖七年问学的回信，但聂豹于嘉靖五年的问学之信没有保存下来。嘉靖九年，聂豹在王守仁弟子钱德洪和王畿的见证下，拜其为师。

纵观聂豹与王守仁交往的过程可以发现，聂豹与王守仁的交往仅仅是一次问答和两次书信往来，并未有师徒之实。正是因为聂豹亲自向王守仁请教的次数寥寥，因此他更多的是在自己理解的基础上接纳王阳明思想。大体来说，王守仁创立心学之后，首先提倡的是静坐修养方法，《传习录》上卷集中反映了王守仁这一时期的思想。聂豹就特别钟情于这一时期王守仁的静坐之学。《传习录》三卷代表了王守仁不同时期的思想，其中，《传习录》上卷主要反映的是其早期的思想，而聂豹引用《传习录》之语也主要集中在上卷。台湾学者林月惠在《良知学的转折》一书中指出：聂豹对王守仁致良知教的理解，其所编《传习录节要》可资为凭证。可惜聂豹摘录四十四条的《传习录节要》今已不得见，而他论学书所引王守仁之言，约有十一条，难以窥其全貌。但可以确定的是，聂豹《传习录》所节录的，大都是今本王守仁《传习录》上卷之语。林月惠不仅指出聂豹引用王守仁之语多出自《传习录》上卷，而且还具体统计了出自《传习录》上卷的具体条次，即《传习录》上卷之七、三十、四十五、六十二、六十七、八十八、一百一十二、一百一十四、一百一十九。不仅如此，聂豹曾自称对王守仁早期的思想有独到的领悟，如他认为《传习录》上卷所记是王守仁思想的精华，而当时学者却放弃这些内容，实为不切实际的做法。

第五，道家道教之学。在聂豹思想形成和发展过程中，不仅有《易》和宋明理学等儒学的思想资源，而且有中国传统道家道教之学的因素。之所以如此，是因为他曾对道家道教之学颇为倾心。

首先，聂豹时常用道教概念比附王守仁之学。道教内丹认为，内丹之丹原本是从天地盗得的元气，修炼者采此元气为丹头。如宋末元初道教学者俞琰在《周易参同契发挥》一书中说：修炼神仙之法，先要采天地之真气结成丹头，然后方能进行下一步修炼。聂豹对内丹家的这一概念十分熟悉，常用它比附阳明学问题。聂豹曾将良知比作丹头。在聂豹的道德修养方法中，有许多调养元气的说法，与道教结丹头之说十分相似。他认为，道德修养就是调养元气以去百病之害，此元气就是道教的丹头，虽然聂豹的思想有着深深的心学痕迹，而不简单地等同于道教的说法，但不可否认聂豹的思想与内丹学的关系。此外，吴震在《聂豹、罗洪先评传》中指出：聂豹在与王畿等论学过程中，讨论到了调息、气定等问题，从中可以窥见聂豹对道教思想有着某种程度的关系。

其次，聂豹曾在道教名山翠微山中修习道教静修之法，并对此深有心得。嘉靖十六年（1537）夏，聂豹因病移居翠微山中数月。聂豹在此养病期间，题写了大量渴望长生成仙的诗歌，从中我们可以发现他追求道教神仙之学的愿望。聂豹在这些诗文中，表达了长生成仙的渴望。聂豹此时在道教名山翠微山中静修养病，外在的因缘和内在的体验使其对道教静修之法情有独钟，此后他大力提倡"归寂"说，这与其在翠微山中的静修有着一定的关系。

再次，聂豹与明朝中晚期的"儒道发明"思潮有着密切的关系。在聂豹的代表作《幽居答述》中记载了他回答戴伯常：近日得薛蕙注释的《老子》，该书主张《老子》之说发明儒家的道理，自古以来没有这样做的。考察这段话的由来和聂豹的回答可以发现，在明朝心学之外有着一股以道解儒的思潮，代表人物是薛蕙，他在注解《老子》的形式下运用道家道教思想诠释儒家心性理论。薛蕙曾任考功郎中，时人称其为薛考功。关于薛蕙的学派归属，纪昀的《四库全书总目提要》卷一百二十四中说他的学问是道家道教之学，黄宗羲的《明儒学案》也说薛蕙好道教养生家之说。据此可见，薛蕙是一位以道家道教之学诠释儒学的学者。薛蕙的代表作《老子集解》的基本思路是发挥《老子》之意，以解释儒家圣人之说。对比聂豹的归寂说，我们就不难发现其与薛蕙《老子集解》的密切联系。

思想结构

嘉靖四十一年（1562），王守仁的著名弟子王畿对当时流行有关良知的不同看法概括为六种。在王畿的眼中，这六种观点各有其代表人物，其中的第一种所指即为聂豹。隆庆六年（1572），时任礼部尚书的尹台在《双江先生文集序》中将聂豹思想的主要特征概括为："以归寂为宗，以致虚守静为修养的基本方法。"诚然，归寂主静是聂豹思想的宗旨，但聂豹之学并不仅仅局限于此，而是以归寂主静为核心的完整的思想体系。

第一，良知本寂。"良知"是王守仁思想中的核心概念。在《传习录》中，随处可以见到王守仁讨论、指点良知之语，而在反映王守仁早期思想的《传习录》上卷中，他往往强调良知是"寂然不动"的。需要说明的是，在王守仁那里，人的具体情感知觉是活动的，而作为根据的良知是寂然不动的，所以二者才能区分开来，因此寂然不动不是绝对不动，而只是用以区分良知与具体情感知觉的属性。但是在聂豹的思想中，"虚寂"被极大地凸现出来，成为其思想中的核心概念。在《聂豹集》中，类似于"虚寂是心之体"的说法不胜枚举。在聂豹这里，"寂"是一个非常重要的概念，是事物的存在根据。此外，在聂豹思想中，与"寂"属于同一层次的还有：虚、止、中、未发等概念。在聂豹看来，这个"寂"字，是王守仁之学的根本，他甚至断言，儒家自尧舜以来，都是以"寂"作为根本的。

聂豹还说明了"虚寂"的良知是如何产生具体情感和感觉的。他认为良知本然状态是"寂而不动"的，当良知与外物接触，受外物影响之后，就能产生知觉，然而知觉虽然是良知发出的，却与良知不是同一事物，不能直接将知觉当作良知本身看待，忽略了知觉的发源根据才是良知。同样的，人心接触事物之后，才产生相应之感情，然而，感情虽由人心所发出，如同人心的显影一般，却与人心不是同一事物，不能直接将感情视作人心，误以为可以在心外求良知。在此基础上，聂豹进一

137

步认为，既然良知虚寂，是人们道德生命的本原，也是知觉情感的最后的主宰，那么人们从事道德修养时，必须回到本原处用功，使良知回复至寂然常定之状态，不能在知觉情感等细枝末节之处来寻求。通过一定的道德修养方法使良知恢复寂然常定的状态，那么人们的知觉感情就自然而然地合乎伦理规范，一切言行举止皆合乎法度。

聂豹如此强调良知的虚寂性，使我们不得不将其与道家道教中的"无"联系起来。在中国哲学中，虽然学术界对先秦道家哲学中的"道"的诠释不尽相同，但基本上都认可老子开创了以"虚寂"解释"道"的思维方式。《老子》第十六章中有："致虚寂，守静笃。"通过对《老子》中道的虚无属性的探究，我们可以发现，不管学术界对老子之"无"的意思及其性质有多少分歧，但老子的"无"含有"虚无""空无"之义，可能是任何一位研究老子思想的人都不能否定的事实。在老子那里，"虚无"不仅是用来说明道的形上属性的重要概念，同时也是人们回归道的主要方法。根据老子的说法，人们不能用感性去把握"道"的存在，但是可以通过"静观"，使人的精神处在虚静的状态去体悟"道"的虚无状态。在老子之后，历代道家都十分强调道的虚寂性，如《庄子·人间世》中有"唯道集虚"的说法，魏晋时的著名道家学者王弼有"虚观"之说。

聂豹在阐述良知本寂时，利用了上述道家的思想资源。首先，他在解释"虚寂是体"时，多次引用《老子》中的"致虚寂，守静笃"作为证据，他甚至将《老子》中的"致虚寂，守静笃"之语与《易传》的"寂然不动"之语相沟通。其次，聂豹将《易传》中的"寂然不动"作为其归寂宗旨的理论根据的做法源自宋元道教易学。聂豹十分重视易学，并自认为《易》是其思想的根基之一。不过我们必须承认聂豹是以"六经注我"的态度对待《易》，将《易》作为其归寂说的经典依据的。他对《易传》的诠释，偏重于发挥艮卦、复卦和咸卦中的虚静之意。事实上，这种以《易》中的"寂然不动"作为其归寂宗旨的做法并非聂豹首创，宋末元初道士李道纯在注《易》的过程中就已经这样做了。从文字上看，聂豹的很多说法与李道纯的《太上老君说常清静经注》中的话极为相似；从内容上看，李道纯对虚静的解释与聂豹的"归寂"说极为相似。由此可见，聂豹"归寂"之说的理论基础与《老子》中的"致虚寂，守静笃"和宋元道教易学有着直接的联系。

第二，未发之中是良知。"未发之中"出于《中庸》首章，秦汉以后，儒家学者对它多有解释，以朱熹的注释影响最大。朱熹将人未产生喜怒哀乐之情时的状态称为"未发"；喜怒哀乐之情产生后的状态称为"已发"。他还认为喜怒哀乐未发之时，心情平静，此时稍微施加道德修养的功夫，就会使随后产生的各种情感与活动没有悖谬，合乎道德规范，所以天下一切伦理规范皆源出于未发之中。王守仁的思想的核心概念是"良知"，"未发之中"并非《传习录》中思想的核心概念。尽管如此，王守仁也曾多次提到"良知是未发之中"，显示了在他的思想中，"未发之中"还是有一定地位的。

聂豹在诠释"未发之中"时，认为"未发之中"和良知是同等重要的概念，二者都是虚寂之体。他认为"未发之中"是天地万物存在的根据，产生万物的根源，一切客观事物都是由它产生的。对于人而言，未发之中就是寂然不动的良知。此未发之中是每个人生来具有的天赋本性。虽然如此，现实生活中的人们却不能只流连于知觉和情感，而忽略作为主宰的未发之中才是真正的良知本体。聂豹之所以要着重阐述"未发之中"，其目的在于指出人的现实情感是善恶相混的。对于一个生活在现实中的人而言，如果他的感官追逐物欲，则情感不得其正，行为就会不道德；如果他的感官追求未发之中，则行为就是合乎道德的。因此，就未发之中而言，它是一切道德行为的最高根据，是至善无恶的，但就现实之人的知觉和情感而言，则有"良"与"不良"两个层面，合乎"未发之中"的知觉和情感，是良知之用，不合乎未发之中的知觉和情感则不然，是妄发、妄动。事实上，尽管聂豹常引用《传习录》中的语句，试图证明自己以未发之中解释良知的想法源自于王守仁，但聂豹对"未发之中"的诠释并不与王守仁相契合，而实较近于朱熹的说法。

第三，主静修养。聂豹认为道德修养的关键是以静制动，以静修主宰变动不止的知觉和情感，因此"主静"是聂豹道德修养的重点。提及"主静"，我们首先想到的是北宋的周敦颐。周敦颐的《太极图说》对宋明理学的理论建构有巨大的影响，这已是学术界公认的事实。在《太极图说》的结尾处，周敦颐继承了道家道教一贯主张的"虚静""守静"之说，提出了圣人"主静"的修养方法。此后，"主静"作为宋明理学中的一种重要的修行实践方法，经北宋的程颢、程颐兄弟传至南宋的朱熹。王守仁一度也极重视静坐，并亲身实践。事实上，聂豹的主静修养方法比周敦颐以后的主静说要细密严谨得多。聂豹认为道德修养要有次序，而这个次序首先始于静坐。从形式上说，聂豹的静坐主要使人的心态趋于平静、自然、和谐；从内容上说，静坐的首要目的是没有欲望。值得注意的是，聂豹并不认为静坐仅仅是平静心态的方法，而是认为静坐的最终目的是达到内外两忘，体验到虚寂的未发之中。在聂豹看来，由静坐而持敬是道德修养的初级阶段，这种修养必须进一步达到熟练的地步，才能体验到未发之中。总而言之，聂豹致虚守静的道德修养方法，是以静坐为入手处，以无欲望为具体步骤，直至达到内外动静两忘后，最终回归虚寂的未发之中。可以说，这种"工夫论"是聂豹归寂宗旨在道德修养领域的具体实施。

对于聂豹致虚守静"工夫论"的理论来源，聂豹本人认为这种"工夫论"可以追溯到周敦颐、二程、李侗（朱熹之师）、朱熹，甚至可以追溯到尧舜，但事实并非如此。当时的学者尹台在《双江先生文集序》中就说："致虚守静之功出老氏。"聂豹的致虚守静与道家之说有着一定的联系。

首先，与道家相同，聂豹并非将守静视为单纯的修养方法，而是将其作为返归虚寂心体的根本方法。虽然主静是宋明理学中的一个重要修养功夫，但在聂豹之前，理学内部少有人认为静是人性的根本属性，而聂豹却明确说：静是人的天性。正是基于这种对人性的理解，聂豹认为静坐是返归虚寂之体的方法，也就是说聂豹的静坐功夫是归寂说在道德修养领域的具体实施。道家道教之所以重静修是基于对人性本静的预设。如北宋道教学者陈景元在《道德真经藏室纂微篇》卷三中也说：静是人的天性，修炼就是使人回归这种天性。对比陈景元与聂豹二人的说法，我们发现，他们的思维模式都是以静为体，动生于静，最终返归于静。

其次，与道家相同，聂豹将无欲望视为致虚的重要内容。《老子》第十六章中有："致虚寂，守静笃。万物并作，吾以观其复。"有学者就指出："虚者无欲，静者无为，此乃道家最基本的修养。"的确，去掉物欲之心是老子的一贯主张，庄子的心斋说也在于清除物欲之心，只有清除物欲之心，才能保持心之虚静空灵。在对待物欲的态度上，聂豹和道家一样，都认为物欲是对虚寂之心的迷惑，主张扫除物欲的迷惑。

第四，戒慎恐惧。 在聂豹的道德修养方法中，除主静外，还有一种重要的修养方法：戒慎恐惧。戒慎恐惧出自《中庸》："戒慎乎其所不睹，恐惧乎其所不闻。"按照东汉经学大师郑玄的解释，就是君子在独处、无人察觉时，谨慎从事，一刻也不犯错误。聂豹十分重视儒家这一传统的修养方法，认为戒慎恐惧是致良知的宗旨。我们知道，聂豹对良知内涵的理解是承接王守仁早期观点的，认为良知是寂然不动之体，所以在道德修养上，他主张以致虚守静之法复归虚寂的良知本体。在戒慎恐惧与虚寂之体的关系上，聂豹认为虚寂之体虽然是"不睹不闻者"，但同时也是"能知能觉者"，因此，良知在起作用的过程中就有可能出现偏离，为防备出现这一情况，需要用戒慎恐惧存养虚寂之体。可见，聂豹的戒慎恐惧并不是脱离虚寂之体而独立存在的道德修养，而是存养良知的方法。需要说明的是，明朝心学中重视戒慎恐惧功夫的传统早已有之。王守仁及其弟子邹守益都认为戒慎恐惧是致良知的方法。由此可见，聂豹是在王守仁、邹守益重视戒慎恐惧之法的基础上，融合他的良知虚寂的理论，将戒慎恐惧诠释为存养良知的方法，从而既延续了以往的成说，又使之与自己的思想体系相调和。

概而言之，聂豹思想体系主要由良知本体论和道德修养论两部分组成。就良知本体论而言，他强调良知是未发之中，虚寂之本体，意在凸显良知的本体身份，良知为体，知觉为用，二者之间有所区别。而所谓"虚寂"，并非指气化上的虚空，而是指通过功夫修养后，本体所呈现的自然而然，无私心遮蔽。在道德修养论上，聂豹功工夫主要是由两种修养方法组成的：致虚守静和戒慎恐惧。致虚守静与道家道教的关系极为密切，所以当时就有学者说：致虚守静之功出于老子。而戒慎恐惧则主要是延续王阳明和邹守益的定论，不过聂豹将其稍加改造，使之与他的归寂之宗相一致。

思想地位

王守仁去世后不久，其弟子们就已意识到了王门弟子在学术上的分化问题。嘉靖三十二年（1553），王畿赴南谯之会途中先与吕怀等人有滁阳之会。就在滁阳之会中，王畿将王守仁身后的良知观分为四种：良知落空、良知不学而知、良知主于虚寂、良知主于明觉。嘉靖四十一年的抚州拟砚台之会中，王畿进一步将当时流行的良知观细分为六种。需要说明的是，在王畿那里，无论是嘉靖三十二年时说的四种良知观，还是嘉靖四十一年时说的六种良知观，都有实际的指涉，但事实上王畿在作上述分类时，并未有一种统一标准，因此他所说的不同良知观之间有着一定的重叠。明末清初著名学者黄宗羲在《明儒学案》中，将王守仁之学按照地域分为浙中王门、江右王门、南中王门、楚中王门、北方王门及闽粤王门六支，与两个不冠以"王门"的泰州学案和止修学案，共八派。虽然黄宗羲有明确的分类标准，但这种根据出身地域，而不是按照个人的思想倾向的安排，显然不能区分王门各派的主要思想特征，不过黄宗羲的这种分法代表了传统学者对王门后学的一般看法。

近代学者将王守仁弟子们的分化视为研究的重点，但给出的答案不尽相同。20世纪40年代，嵇文甫在《晚明思想史论》一书中，用"左派"（意指激进）"右派"（意指保守）"中派"（意指折中）三词来作大致的区分。在他看来，王畿和王艮（包括泰州学派）称为"王门左派"，聂豹和罗洪先为"王门右派"，邹守益和钱德洪为中派。嵇文甫的这一做法开辟了近代王门后学分化以及晚明思想史的研究方向。近代新儒家的代表人物唐君毅在《中国哲学原论·原教篇》中，将王门后学分为两派：悟本体即功夫和由功夫以悟本体。牟宗三则分为浙中派、泰州派、江右派，江右派又分为邹守益和聂豹两派，共四派。当代学者钱明将王门分为"现成"与"工夫"两大系统，现成系统包括虚无派、日用派，工夫系统包括主静派、主敬派、主事派，共五派。陈来在《有无之境：王阳明哲学的精神》一书中分四派：坚持"四无"，以悟为则，强调流行无碍的主无派；坚持"四有"，以修为功，强调保任实功的主有派；以独知为宗旨，以良知为已发，在用上用功的主动派；提归寂为宗旨，以良知为未发，在体上用功的主静派。冈田武彦所分大体与嵇文甫相同，但三派名称分别改为现成派、修正派和归寂派。现成派的主张是把王守仁所说的"良知"看作现成良知；归寂派认为王守仁所说的良知中，有虚寂之体和感发之用的区别；修证派强调既要善于认识王守仁所说的良知是本来意义上的道德原则，亦即天理，又要善于体认王守仁所说的本体即功夫、功夫即本体的精神实质。需要说明的是，无论是王阳明的弟子，还是近现代学者，主要是以阳明学内部对本体功夫问题的不同回答为标准，探讨阳明后学分化的原因。

　　无论是明朝王畿和黄宗羲对王学分派的划分，还是近当代学者对王守仁弟子们分化的研究，聂豹都是其中重要的一派，其理论的对立面是王守仁的著名弟子王畿代表的派别。王畿于嘉靖三十二年（1553）所说的四派中的"良知主于虚寂"派和嘉靖四十一年流派之"本于归寂而始得"指的就是聂豹。事实上，明朝嘉靖年间的王学弟子中，聂豹和王畿是对立的两派。聂豹曾指出，当时王门弟子的良知观有对立的两派：一是良知就是知觉，没有知觉便无良知；二是良知就是虚灵寂体感知物体而后获得知觉，知觉是良知的产物。前者指的是王畿，后者指的是他自己。虽然黄宗羲的八派是以地域划分的，但在这八派中，聂豹等人代表的江右王学被黄宗羲视为得王守仁真传之派；对于王畿之学，黄宗羲认为王守仁之学因王畿而风行天下，亦因王畿而渐失其传，其原因在于王畿时时不满其师说，将王学导向了佛学的轨道，使王学跻身于禅学。在近代嵇文甫的三派说中，王畿是激进左派的代表，聂豹是保守右派的代表。与此类似的日本学者冈田武彦的三派说中，王畿是现成派的典型人物，这一派是王门后学中最为隆盛的一派，代表了心学发展的基本趋势；聂豹是归寂派的代表，此派因为以归寂为宗旨，所以必然远离王学富有生命力的、流动的心学。近代新儒家唐君毅的悟本体即功夫派所指是王畿，而由功夫以悟本体派所指是聂豹。牟宗三认为王畿是浙中派的代表，而聂豹是江右派的代表。在钱明的五派中，王畿是虚无派的肇始者，而聂豹是主静派的开创者。在陈来的四派中，聂豹是主静派的代表，其对立面是王畿的主无派。由此可知，无论我们对王门后学作怎样的分派，聂豹以其归寂主静之学，总是能在其中占有重要一席，与王畿代表的另一派相对立。

事实上，聂豹之学的产生有其深刻的思想史背景。明朝实施八股取士后，已成为士子获取功名之工具的程朱理学日渐流于虚伪化和教条化。王守仁反对程朱理学烦琐的注解，以及科举所导致的人们对经义的固守，认为它妨碍了人们对儒学的真正理解和接受，因此提出了"心即理"和"致良知"的心学论题，把程朱理学所规定的客观外在之"理"变成了人们主观之"心"，从而树起了"心"的权威。但在王守仁"心之本体无有不善"和"满街皆圣人"的论断中，实已蕴含了过度肯定主观能动性而忽视具体的道德修养的可能。到王守仁的弟子王畿那里，他把王守仁之学中的这一倾向充分发挥出来，认为一切

"为善去恶"的道德修养都是多余，只有脱离了既成的典籍、思维之拘束而自然流露的天则、天机，才是真的天理，真的秩序伦理。王畿之后的一些学者更顺着这一思路继续前进，以自然欲望作为人性的本来面目，现实地面对人的欲望并认定这是人生的重要内容，认为现实日常生活就是至善。这对明末恣情纵欲及虚妄好玄之风的形成和泛滥产生了极大的影响。明朝东林学派的代表人物顾宪成曾严厉批评王学的这一流弊，认为王学沦为"空""混"之学。所谓"空"，是指王学否定天理；所谓"混"，是指王学取消切实的道德修养。

正如历代学者所言，聂豹之学诞生之初就是出于反对王畿等人的"良知现在"的学术考量，其根本目的是对治王畿之学的流弊。据文献记载，聂豹虽身属王门弟子之一员，同样自认其学说源出于王守仁，但在当时其他王门弟子的眼中，聂豹的学问与王守仁之学很不相类，于是众家群起而攻之，质疑聂豹有违师说。与此同时，支持聂豹的学者极力称赞其学说，如罗洪先便曾称许道：聂豹一语道破了王学弟子中的瞒昧之处。根据聂豹的说法，当时谈论良知学的学者意见区分为两派，这两派的说法针锋相对，相互指责，致使当时学者对良知学说感到疑惑，莫衷一是。聂豹虽未明言这两派的具体的代表人物，但综观文献，这两派显然是指他的良知归寂说和王畿的良知现成说。聂豹认为，当时学者不明白知觉只是良知的产物，并非是良知本身，忽略了道德修养的本原之地，也就是良知用功。聂豹以"逐影之犬"来形容这一学说，认为王畿等人往往追逐影子，却不理会根本。这一比喻显示聂豹对于王畿的说法持着强烈批判的态度。就聂豹之学的内在思路看，良知本体虚寂，知觉是良知的派生物，但良知与知觉并非绝对的二分，可以通过道德修养使二者由分裂而归于合一。由此可见，聂豹之学虽然以虚寂为宗旨，但其最终目的是强调道德修养的重要性，而反对王畿等人不依靠实践而获得良知的学说。

可以说，作为王守仁之学分化的重要一派，聂豹以力图纠正明朝中晚期王守仁之学的流弊而成为明朝中晚期重要的思想家之一，但其在明朝思想史中的地位不仅局限于此，还体现在他将王学引向经世致用方向的重要代表。提及王守仁之学在明朝晚期的流弊，人们总是会想起清代学者颜元在《存学编》里的批评："无事袖手谈心性，临危一死报君王。"的确，王守仁之学盛行的正德、嘉靖、万历三朝正是明朝多灾多难之时，内部各种矛盾日益激化，外部的军事入侵接连不断，但此时的王守仁之学大力提倡以心性修养为根本内容的道德之学，而不关注社会现实的需要，对内不能经邦济世，对外不能抵御外辱，所以清初学者大多将王学视为空疏之学。事实上，当代不少学者通过研究发现，这种将王学笼统地视为空疏之学的做法有违背历史事实之处。当代著名学者余英时在《明代理学与政治文化发微》一文中，着重研究了王学的经世致用内容。他认为明朝中期王学兴起以后，更全面、更彻底地将"得君行道"的理想转向对社会大众的"觉民行道"，寻求在乡野间的经世济民。若与宋、元、明初相比，明中晚期不仅在思想内容上有所异，理学家对其在政治、社会角色的自我期待上也作了很大幅度的挪移，此一文化风貌的转变是十分惊人而不应被忽视的。诚如余英时所论，王学的经世致用不仅有其理论基础，更有其实践之法。

第一，聂豹继承了王守仁的"万物一体之仁"说，将其作为王学经世致用的理论基础。在中国，"万物一体"思想可谓源远流长。墨子"视人之国，若视其国；视人之家，若视其家；视人之身，若视其身"的"兼爱"思想、庄子的"天地与我并生，万物与我为一"的"齐物"论、孟子"万物皆备于我"的心性论，都包含着"万物一体"的思想。"万物一体"思想在宋明时期最为鼎盛。日本学者岛田虔次在《朱子学与阳明学》一书说："万物一体"思想在中国思想史上有两个高峰，一个是程颢，一个是王守仁。程颢明确提出了"仁者浑然与物同体"的思想，而王阳明在此基础上又提出了"大人者，以天地万物为一体"的说法。聂豹继承了王守仁的"万物一体之仁"的说法。他在《辨仁》中，对论语中的"夫仁也者，己欲立而立人，己欲达而达人，能近取譬，可谓仁之方也矣"有如此解释：要实现仁，必然要以天地万物为一体，既然天地万物为一体，那么万物痛则痛，万物痒则痒。至于求仁的方法，聂豹认为有两种：一是认识到儒家仁学的精神所在；二是立足于自身的感受，因己之饥思人之饥，因己之寒思人之寒。如果说前一种方法是学者求心性道德修养之仁，那么后一种方法则是经世致用，求百姓饥有食、寒有衣之社会治理之仁。

第二，聂豹继承和发扬了讲学化民、规范社会秩序、参与政治生活等王学经世致用的主要方法。明朝嘉靖、万历年间，王学学者在各地举办了大量的讲会活动。参与这些讲会的既有儒学士大夫，如王畿、聂豹、邹守益、罗洪先等人，也有许多普通百姓，如泰州学派王艮讲学的弟子中有樵夫、陶匠、农夫等。由此可见，王学讲会有向下层百姓扩展的倾向，被适当地修改后运用于不同的群体、服务于不同的目的。具体来说，王学讲学既可以用来在士大夫中间推广王学，也可以用来教化百姓。对于聂豹而言，他一生参与了众多王学讲会，包括嘉靖十三年（1534）的青原讲会，嘉靖二十八年的冲元讲会，嘉靖三十二年的灵济宫讲会，嘉靖三十七年的复古书院讲会。通过这些讲会，聂豹不仅推广了自己的归寂之说，而且教育了众多的弟子。

通过乡约族规以规范社会秩序是王学经世致用的又一个主要方法。在中国传统社会中，家族和乡村是社会的基本组成单位。明朝王学兴起以后，致力于通过制定族规和乡约，以规范地方社会秩序。翻开任何一本王学学者的文集，其中必定有大量的《族谱序》和《乡约序》，这其中一定会贯彻王学的基本理念，以求地方社会秩序的安定有序。嘉靖十五年，聂豹联合当地士绅，再由县令请知府批准后派吉安府同知季本在家乡永丰县推行乡约。他在此时作的《永丰乡约后序》中指出：推行乡约的目的在于维系当地风俗，这是士大夫不可推卸的责任。

政治方面，参与国家政治生活也是王学经世致用的主要方法。孟子曾说："人皆有不忍人之心。先王有不忍人之心，斯有不忍人之政矣。以不忍人之心，行不忍人之政，治天下可运于掌上。"这段话后来成了儒家政治论说的核心思想，即通过参与国家政治生活，以达到用学术经邦济世的目的。在明朝中晚期的诸多王学学者中，聂豹是少有的身居高位的官员。聂豹在为官期间，常常利用国家权力来推广王学。任福建巡抚期间，聂豹建立了王学主导的福建养正书院，并在福建刊刻了王守仁的著作；任兵部尚书期间，聂豹联合徐阶、欧阳德等人，利用嘉靖三十二年天下士子赴北京会试的机会，举办了灵济宫讲会，参与者多达数千人，极大地推广了王学。

总之，聂豹绝不仅仅是一位书斋中的王学学者，他通过讲学、制定族谱乡约、利用政治权力等多种方式，实现了王学经世致用的目的。

附　录

年　谱

1487 年（明成化二十三年）　正月十三日，生于江西吉安府永丰县双溪里。

1502 年（弘治十五年）　取为县学生员。

1516 年（正德十一年）　以《易》中江西乡试。

1517 年（正德十二年）　赴京参加会试，中进士。

1520 年（正德十五年）　出任华亭知县。

1525 年（嘉靖四年）　督应天府马政。

1526 年（嘉靖五年）　赴浙江绍兴拜见王守仁。

1528 年（嘉靖七年）　任福建巡抚。

1529 年（嘉靖八年）　升苏州府知府。

1531 年（嘉靖十年）　父丧，归家治丧，自此居家十年。

1534 年（嘉靖十三年）　讲学于庐陵县青原山。

1537 年（嘉靖十六年）　病居于翠微山中，学有所悟。

1538 年（嘉靖十七年）　建庐陵县怀德祠，祭祀王守仁。

1541 年（嘉靖二十年）　起复，任平阳知府。

1542 年（嘉靖二十一年）　著《大学古本臆说》，标志着聂豹归寂说形成。

1543 年（嘉靖二十二年）　升陕西按察司副使，兵备潼关，后归家休养。

1547 年（嘉靖二十六年）　被逮入锦衣卫狱。

1549 年（嘉靖二十八年）　获释归家。

1550 年（嘉靖二十九年）　举办冲元大会。随后礼部尚书徐阶上疏，举荐
聂豹任顺天巡抚，督蓟州军务，未及赴任，升兵部右侍郎。

1551 年（嘉靖三十年）　转任兵部左侍郎。

1553 年（嘉靖三十二年）　升兵部尚书，加太子少保。举灵济宫讲会。

1555 年（嘉靖三十四年）　致仕归家。

1558 年（嘉靖三十七年）　与王畿论学，著《致知议略》。

1563 年（嘉靖四十二年）　十一月初四，卒，享年七十七岁。

1567 年（隆庆元年）　赠太子少保衔，谥"贞襄"。

主要著作

1. **遗失著作**：《巡闽稿》《大学古本臆说》《知晋稿》《被逮稿》《白沙
先生绪言》《良知辨》。

2. **现存著作**：《双江聂先生文集》十四卷，编于明穆宗隆庆六年
（1572），现存最早版本为明神宗嘉靖四十三年（1564）永丰县令吴凤瑞刻
印。该书第十卷中的《答戴伯常》即《幽居答述》，第十四卷中的《杂著
二》即《困辨录》。